"中国劳模"系列丛书

U0723503

数控尖端的跨界智造师：
凌建军

席寒冰　吴林林 / 著

吉林出版集团股份有限公司
全国百佳图书出版单位

图书在版编目（ＣＩＰ）数据

数控尖端的跨界智造师：凌建军 / 席寒冰，吴林林著．-- 长春：吉林出版集团股份有限公司，2023.4

（"中国劳模"系列丛书）

ISBN 978-7-5731-3085-3

Ⅰ.①数… Ⅱ.①席… ②吴… Ⅲ.①凌建军 – 传记

Ⅳ.①K826.16

中国国家版本馆CIP数据核字（2023）第039601号

SHUKONG JIANDUAN DE KUAJIE ZHIZAOSHI: LING JIANJUN

数控尖端的跨界智造师：凌建军

著　　者	席寒冰　吴林林	
组稿统筹	东北师范大学文学院创意写作研究中心	
撰写指导	余　弓	
责任编辑	王丽媛	
装帧设计	张红霞	

出　　版	吉林出版集团股份有限公司	
发　　行	吉林出版集团社科图书有限公司	
地　　址	吉林省长春市南关区福祉大路5788号　邮编：130118	
印　　刷	唐山富达印务有限公司	
电　　话	0431-81629711（总编办）	
抖 音 号	吉林出版集团社科图书有限公司　37009026326	

开　　本	710 mm×1000 mm　1 / 16
印　　张	8.5
字　　数	90 千字
版　　次	2023 年 4 月第 1 版
印　　次	2023 年 4 月第 1 次印刷

书　　号	ISBN 978-7-5731-3085-3
定　　价	45.00 元

如有印装质量问题，请与市场营销中心联系调换。0431-81629729

序　言

　　劳动创造财富，劳动创造幸福，劳动创造未来。习近平总书记在2020年全国劳动模范和先进工作者表彰大会上的讲话中指出："全社会要崇尚劳动、见贤思齐，加大对劳动模范和先进工作者的宣传力度，讲好劳模故事、讲好劳动故事、讲好工匠故事，弘扬劳动最光荣、劳动最崇高、劳动最伟大、劳动最美丽的社会风尚。"当今世界，综合国力的竞争归根到底是科技人才和高素质劳动者的竞争。改革开放以来，我们强大的工人队伍用辛勤劳动和拼搏奉献推动中国制造、中国智造、中国创造走向世界的前列，新时代的中国面貌日新月异。大力弘扬劳模精神、劳动精神、工匠精神，加强高素质技能人才队伍建设，打造一支宏大的知识型、技能型、创新型劳动者队伍是伟大时代赋予我们的历史责任。

　　劳动模范是民族的精英、人民的楷模，是共和国的功臣。自改革开放以来，广大职工勇立改革潮头，独立自主，奋发图强，勇于创新，其中涌现出一批批全国劳模和大国工匠，他们参与建设了代表中国高度、中国速度、中国深度的一系列重大工程,提升了国家实力,打造了"中国名片",树立了"中国品牌",增添了"中国力量",充分释放出工人阶级的创新活力,展示出大国工匠强大的创造能力。他们以工人阶级的满腔热忱在各自平凡的工作岗位上创造了辉煌的业绩,书写了新时代的壮丽篇章。

爱岗敬业、争创一流、艰苦奋斗、勇于创新、淡泊名利、甘于奉献的劳模精神,崇尚劳动、热爱劳动、辛勤劳动、诚实劳动的劳动精神和执着专注、精益求精、一丝不苟、追求卓越的工匠精神,是广大劳动群众在社会生产实践中锤炼形成的弥足珍贵的精神财富,是工人阶级伟大品格的具体体现,是民族精神和时代精神的生动体现。民族复兴需要劳动模范,祖国强盛需要大国工匠,中国制造、中国智造、中国创造更需要大国工匠的强有力支撑。劳模、工匠等的成长故事、先进事迹中承载的劳模精神、劳动精神和工匠精神,是激励全国各族人民团结奋斗、勇往直前的强大精神力量。

"中国劳模"系列丛书,采用图文结合的方式,讲述全国劳模、大国工匠和先进工作者的成长经历及他们追梦、筑梦、圆梦的故事,用他们在平凡岗位上创造不平凡业绩的真实故事感染读者,形成劳动最光荣、劳动最崇高、劳动最伟大、劳动最美丽的社会风尚,引导广大技术工人和青少年形成劳动光荣、技能宝贵、创造伟大的观念。

"匠心筑梦，强国有我。"新时代是万象更新、生机勃勃的时代，也是一个继往开来、创新创业和建功立业的大时代。希望广大读者能以劳动模范为楷模，以大国工匠为榜样，立志技能报国、技术强国，踔厉奋发，勇毅前行，锤炼思想品格，汲取劳动智慧，勇于担当、勤于钻研、甘于奉献，为推进新型工业化和乡村振兴，加快建设制造强国、质量强国、航天强国、交通强国、网络强国、数字中国、农业强国，为全面建设社会主义现代化国家贡献青春力量。

中华全国总工会副主席（兼）

中国航天科技集团有限公司第一研究院

211厂14车间高凤林班组组长

2022年11月

　　凌建军，男，汉族，1975年12月23日（农历十一月廿一）出生于江苏泰兴，中共党员，本科学历，工程师。现任江苏泰隆减速机股份有限公司技能考评办公室数控编程员。

　　爱好历史，1998年毕业于南京大学历史系大专班。

　　2000年进入江苏泰隆减速机股份有限公司，从一个学徒做起，一路成长为技术高手，多次用创新的理念及方式为企业解决技术问题，逐渐成为行业前沿人物。其间，多次参加省市举办的技能比赛，取得了优异的成绩。获得了江苏泰兴市十佳技术能手、泰州市劳动模范、江苏省技能状元等殊荣。

2013年，公司开发采棉机专用减速机，凌建军完成了加工程序的编制，为该产品的开发做出了重大贡献。

2014年10月至11月，经所在公司及泰兴市人社局推荐，参加了江苏省人社厅组织的赴德国机械加工培训。

2015年，参与试制的多个型号"机器人用的减速机"参加上海机器人展览会，获得了好评。

2015年12月15日加入中国共产党。

2017年，被授予全国五一劳动奖章。

2018年，组建了劳模创新工作室。

2020年，被授予"全国劳动模范"称号。

目 录

第一章　黄桥旁边少年郎

昨夜的星辰，昨夜的雨，

随风而去的鸣唱，

随风而去的炎凉。

数不清的过往，

装了多少远方？

大风歌，大风猖，

不被大风吹倒，少年郎。

黄桥少年

江苏泰兴，人杰地灵，四季分明，置县于后晋天福二年（937）。

自古以来，人们便在这方土地上勤恳劳作，世世代代传承着慎终如始、精益求精的淳朴风气。任星河流转，这片土地的精气神体现在其冠名全国的银杏品质，此地乃闻名遐迩的"银杏之乡"。一方土地的风土人情影响着一代又一代的人们，而生活在这片土地上的人民也用自己的勤劳回馈着家乡。

1975年12月23日，农历十一月廿一，一个大胖小子在泰兴姚王村呱呱坠地。父亲为其取名"建军"，加上父姓，他便唤作凌建军。这里是著名战斗英雄杨根思的故乡，"建军"，寄托了父亲浓浓的爱国情怀。父亲很爱给小建军讲黄桥决战和七战七捷的故事，讲得小建军简直能倒背如流。

这一天，父子俩正吃着烧饼，吃着吃着，父亲的眼里泛起了光，他打开话匣子，又对小建军讲起了黄桥决战的故事。

"你知道吗？这黄桥烧饼……"父亲指了指手中的烧饼。

"厉害着呢，恁多故事！"小建军抢着说。

"对！厉害着呢，恁多故事！"父亲微微晃脑。

父亲平时是个讷于言的人，可一说起黄桥的故事，容光焕发，就像换了个人似的，"你知道，这《黄桥烧饼歌》，是怎么唱的吗？"说罢，扯着嗓子就唱，"黄桥烧饼黄又黄，黄黄烧饼慰劳忙……"

小建军立马捂住耳朵，一溜烟地就向屋外跑去。

儿时的小建军和小伙伴们都是听这些抗战故事长大的，他们聚在一起最喜欢玩的就是模拟战斗的游戏。村里老银杏树下的石堆是他们的堡垒，不远处的草垛是日军的城楼，子弹嘛，就是从地上捡来的熟透的白果。谁也不想当日军，大家都想当抗日英雄。就这样，在一片角色"争夺"和嬉笑打闹中，金黄色的银杏叶被扬起。在落日的余晖里，漫天飞扬的金色树叶就是对胜利者最好的奖赏了，这也是凌建军儿时回忆里最喜欢的颜色。

待孩子们玩得差不多，也到了晚饭的时候，远处家长的呼唤，仿佛是飘荡在这朴素乡间最美的旋律。孩子们听到呼唤便会恋恋不舍地跑回自家去。有时孩子们也会去邻居伯伯婶婶家蹭饭吃，偶尔还会有意外的收获，例如李伯伯刻的银杏木雕、周爷爷用藤编的小玩意儿，或者张婶婶做的桂香糖。在那时的小建军眼里，村中的大人们好像都有很厉害的绝活儿，让小娃娃们羡慕不已。

"口算大王"

小建军是个聪慧的孩子，小小年纪，不知道从哪里学来了一些本领。许是听故事培养了小建军的思维能力，这不，还未上幼儿园，他就已经掌握了10以内的加减法。

这天，小建军在村里神气地左逛右逛，抬头挺胸地让大人们随便出加减法，说自己保准能算出来。他自诩"口算大王"。

"1加1。"

"2！"小建军眼睛都没眨，立马说出了答案。

"2加3。"

"5！"小建军有点儿得意。

"3加3。"

"6！"

"7减2。"

"5！"小建军用大拇指划过鼻尖，"嘿嘿，减法也难不倒我！"

大人配合地出着题，看着小建军得意扬扬地回答。小建军在村里抬着头，小手往背后一背，大模大样地走着。

又来了一个大人，是隔壁的老爷爷。老爷爷腰微弯，对小建军说："建军，10以内的加减法你可都会啊？"

"那当然！"小建军就像只翘着尾巴的雄鸡。

"10以内的都会吗？"

"会！您尽管出！"

"那我可出了。"老爷爷一再询问，见小建军答应了，便也不再卖关子，"七个半加七个半，等于多少啊？"老爷爷微微一笑。

小建军听了老爷爷的题，说不出话来。他憋红了小脸蛋，握着小拳头，看着老爷爷说："我还没学过，这题不算！"然后转身就噔噔噔地跑回家了。母亲发现了小建军的异常情绪，一番询问后，小建军总算说出了实情。听罢，母亲摸了摸小建军的头，语重心长地对他说："学习不可骄傲，需要虚心求教。"听了母亲的话，小建军似懂非懂地点了点头。

母亲见小建军没有了刚才的沮丧情绪，又接着宽慰道："妈妈知道你是因为爷爷出了你不会的题考你，所以你才会生气，对吗？"

小建军觉得突然被理解了，点点头，眼泪在眼眶里打着转，他委屈地看着妈妈。

"那是不是你跟爷爷说10以内的加减法自己都会算啊？"

小建军思考了一会儿，小声"嗯"了一下。

母亲接着问："那七个半是不是也算小于10呢？"

"嗯……"

"也就是说爷爷没有犯规喽，那我们小建军在生谁的气呢，不会是因为自己不会算就生气了吧？"

这下问得小建军又羞又恼，他红着小脸直往母亲怀里钻。母亲抚摸着小建军的头，安慰他说："我们小建军厉害着呢，才不会因为遇到这种困难就退缩对不对？我们建军以后要做像杨根思那样的大英雄。"

"杨根思是谁啊？"小建军疑惑地问母亲。

"杨根思是抗美援朝战争中的战士，他也是从我们泰兴走出去的大英雄。当年啊……"

见小建军听得津津有味，母亲接着说："你看大英雄遇到的困难是不是太多了，但是他从来没有退缩，就是因为他有一种很厉害的'三不精神'。"

"啊？什么是'三不精神'？"

"'三不精神'就是杨根思总结的三个不相信：不相信有完不成的任务；'不相信有克服不了的困难'不相信有战胜不了的

敌人。"

小建军听得入了神，若有所思地点了点头，"妈妈，我也不怕困难，我也要做杨根思那样的大英雄。"说罢，他起身就跑到一边掰起了小指头，算起老爷爷出的算术题。

父亲的手艺

凌建军的父亲叫凌文华，十七岁的时候想要拜师学习裁缝手艺。可师傅一见他个子小小的，也很瘦弱，便想要拒绝。裁缝师傅想了个理由："这孩子怎么学也学不会。"一句话就噎"死"了介绍人。可是凌建军的爷爷不甘心，看着好学的孩子，心头过意不去，四处托人说情，裁缝师傅才勉强收下他。

凌建军的父亲勤奋好学，性格坚毅，做起事情来静水流深，从不言放弃。师傅让他裁他便裁，师傅让他缝他便缝。扒、串、甩、锁，他都会；裤子拼缝、上袖子、上领子、上腰头等等，样样像样。仅仅一年，他就出师，可以单独接活儿了。彼时，凌文华刚刚成年，有了手艺，便能独立生存了。

到了20世纪80年代，家乡兴起了制造砖瓦出售的热潮，凌建军的父亲也转行干得热火朝天。在一众干活儿的人当中，父亲生产出来的砖总是方方正正，结结实实，而且大小一致。凌建军父亲踏实的做事风格不仅为他赢得了口碑，也深深影响了小建军。

一年夏天，傍晚时分，父亲收工回家吃饭。父亲刚端起饭碗，走到屋后，就看到天空东北方渐起乌云。对此有经验的父亲一看，立马大喊一声"不好，来台风了"，放下饭碗拔腿就跑，叫上全家老小一起冲到了外面。此时，狂风渐起，树叶等一些轻的东西被刮起，在空中飞旋；人们的头发被吹得凌乱不堪。大雨哗啦啦地倾倒下来，在大风的加持下，雨水加速飞泻下来，不一会儿衣裳就湿透了，人们甚至需要顶风前进，小建军被刮得东倒西歪。油布、稻草，见着什么能盖住东西的，父亲就拿起去把刚刚加工完的砖坯给盖上，用砖块压住，确保它们不被大雨冲刷，减少损失。面对这样的大风，小建军无法忘记的是父亲在风中微弯的脊梁，他一遍遍往返于屋子与砖坯堆放处，与大风暴雨拼搏。自家的砖坯盖上了，他又去帮助邻里做好防护。

第二天，雨过天晴，比起别家砖坯的损失，自家的砖坯几乎完好，小建军的心情仿佛比彩虹的颜色更加明朗多彩。

也许生活中总有大风起，谁都没法避免，可是面对大风时，我们应沉着冷静，无所畏惧，并坚持热爱生活、奋力拼搏，这种积极面对生活的态度，给了凌建军一直向前的不竭动力。

母亲的品格

如果说，涓涓细流可以汇成大海是一条真理，那么使得小建军懂得这条真理的人就是他的母亲——钱兰芳。

母亲没有读过书，只参加过扫盲班。可她一嫁到凌家，奶奶就对她十分中意，放心地把家交给她打理。当时的家庭条件并不好，村里普遍住的都是泥砖垒墙、茅草封顶的屋子，凌建军家也不例外。母亲自小在家就是管事的，嫁过来之后，说话做事也是井井有条，落落大方。虽然一屋子里住了十几口人，但母亲的行事总是能让人信服，即使在生活条件并不宽裕的情况下，母亲也可以把大家的吃穿用度安排得明明白白。在当时的环境下，女人当家的情况并不常见，但母亲的行事作风让人心服口服。

在外面，父亲风里来雨里去专心做着砖瓦厂的活儿；在家里，母亲操持着大大小小的事情，两人的配合十分默契，家庭氛围温馨和谐。在当时那个艰苦的年代，可能很多人会觉得物质过于贫乏，但家庭的温暖带给孩子的回忆却是无价的。母亲不仅是个很会操持烦琐事务的人，在凌建军和家人看来，她也很有胆魄。家里人的生活基本平稳了，闲下来她也会思考一家人未来的规划。

母亲看着四处漏风、无片瓦块砖的家，再看看屋檐下的十几口人，暗下决心：

"要早日让家里人住上砖瓦大房，全家过上好日子。"

于是一个计划就在母亲心中落定了。从那开始，家里吃的东西绝不可以浪费，当季最便宜的菜一定会在饭桌上出现，但母亲总是有很多办法把饭菜做出不一样的花样，尽可能让大家吃着也不觉得腻；那个年代没有条件多买衣服，于是家人的衣服和鞋子，母亲能亲手做的就自己做出来，做不过来就跟亲戚邻居讨来他们穿小穿旧的，把它们清洗干净，再缝缝补补给家人换上。也许自小的家教就是不和别人计较吃穿，凌家的孩子们也都很珍惜母亲给的这些旧衣服。虽然大部分衣服都是旧的、破了的，但是母亲会细心缝好每一处破损。家里的传统是即使再旧的衣服，补丁摞着补丁，每天也要干干净净地出门。在母亲的教导下，孩子们知道每一件衣服、每一双鞋子都浸透着母亲的心意，所以平时都很爱护它们。上学的路是乡间的泥土小路，每每遇上下雨，孩子们宁愿把鞋子脱下来抱在怀里赤脚回家，也不舍得让鞋子沾染污泥。

就这样，母亲十分要强，在持家的同时，还能攒些余钱。

后来，大队部分解了，有三间砖房出售。邻里都传了个遍，却唯独没有让人来通知母亲，因为没人认为凌家会有钱来购买砖房。大家七嘴八舌，为价格、是否合买、交款方式等问题喋喋不休地讨论时，母亲往兜里揣上一个小布包，去了大队部。当着所有人的面，她取出那个小布包，层层叠叠地打开后，直接取出一千元现金，当场签约，购下了砖房。从此，家里的住房条件大大改善。

这件事不仅让小建军高兴非凡，更是让街坊邻居刮目相看。梦想与现实，并不是不可逾越的鸿沟。涓涓细流可以汇成大海，小小跬步可以行千里。母亲的品格，是小建军后来在前进的道路上坚持走下去的由来和底气。

"拉车小能手"

1983年，凌建军年满八岁，到了上小学的年纪。凌建军背上书包，去村里的姚王小学上学。不说有多么刻苦，但他凭借聪明的小脑瓜儿总能考个好成绩。

一到放学，一大帮学生从学校里蜂拥而出，争先恐后地往一个方向跑。尤其是凌建军，直奔建筑材料堆放处，生怕去晚了就干不到活儿了。干不到活儿，就无法给家里挣钱了。凌建军因为年纪小且身子单薄，不能干推车的活儿，只能干些拉车的活儿。别看他从未干过这个活儿，他可机灵呢，把绳子往身上一搭，边干边观察别人，没过几天，就总结出了自己的秘诀："绳松快跑绷紧，绳紧使劲儿加油，绳晃观察稳车，拐弯引绳扶车。"在拉车的这段日子，凌建军从未出过失误，大家都很乐意让他拉车，称之"拉车小能手"实不为过。

儿时家境困难，每一分钱都来之不易。凌建军从不穿新衣服，身上的衣服要么是哥哥姐姐穿剩的，要么是别家给的。这些衣服不是袖子长一截，就是衣身肥一点儿，几乎没有合身的，却不影响它的整洁，因为凌建军的母亲是不允许她的孩子们穿着有污渍或破损的衣服。尽管如此，小建军兄弟姐妹几个，从没因此让别人看不起。他们向来懂事，很珍惜衣服，不舍得让衣服再多出一个补丁；也向来努力读书、努力生活。小建军并没觉得自己有多苦，反而充满了童年的欢乐和幻想。

虽然困难，但家里还是会想方设法地挤出些余款，去买一些建筑材料，扩建家里的房子。没有钱一次性建造，就一面墙一面墙地建——一有钱，就去买几块砖，在旁边没人住的地方砌一段墙。就像很多人在儿时玩过的"跳房子"游戏，在格子里"1、2、3、4"地写上数字，单双脚交换着跳过去，偶尔还要用手捡拾道具，最终抵达房子的顶端。小建军家的房子，就像那些数字，一块一块，搭积木似的，渐渐建成。

后来，经过全家人的努力，终于在1996年有了一个可以真正称之为"家"的温馨港湾。

梦想是一定要有的，定下一个一个目标，从小事着手，坚定有力地走好每一步，虽远却终会到达，最终总会迎来曙光。

第二章 年华正好"大"才子

追逐，无数个晨曦黄昏；

领悟，沾湿了谁的衣裳？

谁人才子？

年华正好，学子当自强。

"过去式"班长

1989年，小学毕业后，凌建军去了邻村的曾庄中学读初中。

凌建军的班主任是南京师范大学的高才生，既亲和又有涵养，凌建军刚好也是他的第一届学生。对于这样的老师，学生们都特别喜欢，校领导也时常关注他们班的情况。凌建军升入初中之后延续了小学的成绩，学习成绩依然拔尖，平时做事积极主动，和同学相处热情开朗，经常跑去办公室问老师问题或者帮助同学交作业。校领导见这小子学习成绩优异，又听话能干，原本应该由班主任选定的班长一职，直接由校领导指定了。

小学只当过一年劳动委员的凌建军，这劲头一下子就上来了。他每天挺着胸脯，热情高涨，把班长当作伟大的事业，恨不得注入百分之两百的精力。

从每天一大早到校开始，课上课下，凌建军都尽职尽责，管理班级，维持纪律，组织运动，带头劳动，俨然一副"小老师"的神气模样。放了学，他又组织同学们开展课外活动，甚至还给同学做思想工作。后来班里同学一有什么问题，大家都会不约而同地说"我要告诉班长"，彼时老师们有什么任务也总是会第一时间找到凌建军去分配。一时之间，凌建军俨然成了班里的"小班主任"。

那时，校园里有一块苗圃，凌建军一有时间就会去观察树苗的成长，还带着同学们一起，帮着浇水、松土、施肥、起苗。凌建军特别关注这块苗圃里的树苗，恨不能它们一夜之间就长成一片大树林。同学们共同呵护着这片绿色，彼时的老校长也经常和同学们一起享受着劳动的光荣与快乐。

班里马上要推选团员了，已获候选资格的凌建军左思右想，用心准备着参选的相关事宜。为了鼓励大家锻炼身体，凌建军以身作则，每天即使有顺风车也不坐，坚决自己跑步上下学，十分要强。后来有一段时间因为身体弱，才借了一辆自行车，每天自己骑车上下学，其目的也是锻炼自己的体魄。

"丁零零——"期中考试结束了，凌建军欢快地往教室外跑，和同学们玩耍起来。

隔了几天的一早，凌建军进教室刚把书包放下，班主任就把他带到了校办公室。

"啪——"班主任把凌建军的试卷拍在桌子上，让他反思自己究竟放了多少心思在学习上，"班长资格撤了！"凌建军沉默许久。

那一刻，泪水在凌建军的眼睛里打转。

原来，凌建军把自己作为一名学生的职责给本末倒置了。干这干那，唯独把最重要的学习耽误了——这次考试，班级第十一名，英语成绩更是勉强过及格线。已经是初二的第二学期，眼前血红的数字、现实的教训，刺痛着凌建军，也警醒着他。

"学生的首要任务是学习，特别是农村出来的孩子，更应该努力学习，才能走出一片新天地。"老师的教诲深刻而有力，凌建军毫无怨言，因为他知道自己的境况，在老师的点拨下觉悟了。纷繁复杂的心过滤了杂质，回归学生的本职，凌建军自此发奋学习，一心读书，最终以班级第一名的成绩考进了泰兴市河头庄中学，未辜负老师的良苦用心。

班长的身份成了过去式。可对凌建军而言，那是一次"悬崖勒马"，意义深远。"吾生也有涯，而知也无涯。以有涯随无涯，殆已！"人的精力是有限的，只有找准了目标，不懈努力，才有可能做好一件事。对于凌建军而言，读书可能是他最好的出路。

御风起航小失误

凌建军就读的中学离家将近两公里。每天一大早，天刚蒙蒙亮，凌建军就穿着母亲做的鞋开始往学校跑，因为走路去是来不及的；傍晚，又赶在太阳落山前从学校往家里跑，风雨无阻。穿着母亲一针一线亲手缝出来的鞋，凌建军总是小心翼翼。农村的路一到下雨天就变得泥泞，凌建军就会把鞋子包起来，赤着脚上下学。也许是没有继承到优秀的运动基因，凌建军的体育成绩都是勉强合格。可偏偏这跑步，在体育考试的绿茵场上，他跑出了优秀的成绩。

这跑出来的名堂，姗姗收获于大学。

那是他进入大学的第一场学校运动会，仗着自己的跑步底子，凌建军一口气报了400米、800米和5000米三个项目。鉴于儿时跑步上学的经历，凌建军更是对5000米长跑充满了信心。

随着《运动员进行曲》激昂的旋律奏响，运动会在学子们的期待中开始了。凌建军参加的第一个项目是400米，只听发令枪一响，他如离弦的箭一般冲了出去，在同学们此起彼伏的加油声中很快抵达终点，拿到了第二名的好成绩。运动场上顿时欢呼一片，一时间年轻人灿烂的笑容竟比洒下的阳光还要耀眼。

然而容不得凌建军在喜悦中沉浸太久，紧接着800米的比赛也开始了。800米比赛分为初赛、半决赛和决赛。前两部分凌建军依然凭借着过硬的身体素质稳步过关。到决赛的时候，即使是刚跑完三场比赛，凌建军也丝毫没落下，在宽阔的操场上又如离弦之箭，取得了第三名的好成绩。终是风一样的少年，功不唐捐。

接下来就是最难也是最期待的5000米长跑了。很多同学都畏于这项比赛的跑步长度，毕竟5000米对人的体力有很大的挑战。原本报名伊始凌建军是胸有成竹、毫不畏惧的，只是现在连续几场比赛跑下来体力已消耗大半，不过既然选择出发，哪有退缩之理。于是5000米比赛枪一响，凌建军又一次冲了出去。

前一半赛程凌建军还有非常大的优势，越到后面凌建军感觉到身体的疲惫感越发强烈，仿佛只是把腿提离地面都变得很艰难。而此时别人不知道，但凌建军的同学们最了解这一天凌建军经历了什么，他们在跑道边陪着仍在坚持着的凌建军，边跑边大声给他加着油，恨不得通过声波把自己的力量注入凌建军的身体。最后凌建军也不记得自己是怎样跑过终点线，只知道极度的喘息带动着大脑一片空白，支撑到最后的完全是身体的机械性移动。

等凌建军缓过来，比赛结果已然公布，这场比赛他没有拿到名次。

凌建军站在800米比赛的领奖台上，他的内心五味杂陈。获得奖牌理应欢呼，却因自己的体力不支没能赛出水平和风采，仿佛有点儿对不起那个从小奔跑往返于家校的自己。看着汗水换来的奖牌，上面有予他的荣誉和嘉奖，也有凌建军面对现实时的局促和失意。

经过这次教训，善于总结的凌建军明白了合理规划的重要性，田径比赛也要有节奏。后来，凌建军只记得在南京长江大桥上的多次奔跑，却记不清拼搏在赛场上的自己是否又获得了奖牌。

箪食瓢饮壮少年

"贤哉，回也！一箪食，一瓢饮，在陋巷，人不堪其忧，回也不改其乐。贤哉，回也！"颜回生活简朴，住在简陋的小巷子里，却没有改变他好学的乐趣。时间来到1992年，升上高中的凌建军，家境十分困难。虽非家徒四壁，生活却有些拮据。

三十九，凌建军至今记得这个数字——这是高中时一个月的生活费。高中三年，月月如此。这三十九元包含了凌建军学习生活的方方面面，当时还住校，从吃饭到打水，每一笔花出去的钱，都被事无巨细地记录在了凌建军的账本上。某天偶然翻到，回忆浮现，不禁唏嘘。

尽管如此，凌建军进入高中后，母亲给他买了人生中第一双运动鞋——回力牌的。凌建军稀罕极了，穿上又蹦又跳，可又担心磨坏，不敢多跳。当时，回力牌是中国的一个运动品牌，回力牌的运动鞋是一种象征，拥有一双回力牌运动鞋是一种时髦。就是这一双回力牌运动鞋，陪伴凌建军度过了高中三年的青春时光。

正值长身体的时节，凌建军食量惊人，常常感到饥饿。母亲想方设法给凌建军填肚子，把米饭晒干，再加工成粉，凌建军像吃零食一样，吃得津津有味。同学们见了好奇，忍不住向凌建军请求尝了几口，纷纷默默走开，不再感兴趣。

可正是这样一道普通甚至有些乏味的食物，陪伴了凌建军的高中三年，还使这个少年长成了大高个儿，身体结实，跑跳自如。它还有个好听的名字——米雪。这是一位母亲用勤劳的双手给自己的孩子打造的人间美味，寄寓了母亲朴素的愿望——不能让孩子挨饿。

家境困难的凌建军异常懂事，在吃穿用上从不和周围的同学攀比。所以，高中时期的凌建军是一个活力少年，学习刻苦，也会活跃在运动场上，自得其乐。

"银杏之乡"泰兴每年都会举办银杏节，有人会在人流聚集的地方摆上摊售卖书籍，一律打一折。虽然囊中羞涩，可看到一折的书，这个少年的眼睛里泛出了光芒，最终提着一袋书回去，如饥似渴地读，其中以历史书的数量为最，自此他爱上了历史。一年一度的银杏节，也让凌建军养成了购书习惯，他总是盼望着一年一度的"购书节"的到来。

高中的经历锻造了凌建军的人格，形成了他做人的底色。他至今不仅生活上保持低调，遇到困难时也会积极乐观地面对。那哺育了这位少年的箪食瓢饮，凝结了母亲的爱与智慧、时代的窘迫和宽容，开启了少年的成长和征途，从不因时间被忘却。

高二面临分班，按惯例，成绩好的同学大多会默认选择理科，因为那个年代大家一致觉得理科和科学相关，科技强国，而且理科就业范围也很广。一向理科成绩更好的凌建军，出乎了家长、老师和同学们的意料，最终选择了文科。这个选择是凌建军思虑再三的，他认为所谓大学，应集学问之大、格局之大和众家所长为一体，学生应培养、发挥自己的所喜和所长。于是，一向理科成绩更好的凌建军由于喜欢历史，便在同学们疑惑的眼光中，一意孤行地走进了文科班，备战高考。

潜心寻梦大学行

凌建军在填写高考志愿时，选择了一长溜的师范专业；又因喜欢历史，在中间插了一个历史专业。1996年，凌建军的分数不高不低，恰恰考进了南京大学历史系的大专班。南京大学校风纯正，校园环境清幽古朴，学校对于学生的管理也比较民主和人性化。开放式的课程管理体系，丰富的图书馆藏书都给学生提供了灿若繁星的精神营养。加之校风和学生都很低调，这里成为初成年时期的凌建军快速吸收知识的殿堂。

正式进入学习状态后，凌建军就掉进了故纸堆，彻底迷上了历史。从上古三皇到秦皇汉武，驰骋山河，气吞千古；叹唐宗宋祖，一世英名，繁华如故；读古往今来，多少英雄儿女，剑荡山河，痛快淋漓。打开书，凌建军看到的是历史的长河汩汩流淌；合上书，他看到泱泱中华盛世在前。在凌建军所热爱的历史中，他不仅能感受到各位英雄人物的气势如虹，而且从上下几千年的时间规律里汲取了丰富且宝贵的人生智慧。这些在大学期间沉淀的知识和智慧，直到很多年后的今天，凌建军一直受用无穷。

大学时期，凌建军不仅学好本班的专业课，还会在系部的课程中寻觅感兴趣的内容去旁听，广博地学习。南京大学经常会有讲座，来的人有电台主持、高校教授、知名人士等，逮着感兴趣的主题，凌建军就会去听。他还会在闲暇的时候，泡在图书馆里，无论朝暮。如果说从书本中了解的历史智慧给凌建军的世界观画上浓墨重彩的一笔，那么平时参加的各种类型的讲座，又从当下时代的不同角度丰富了凌建军的世界观。时至今日，凌建军才了解到，所谓的大学，不再仅仅是集学问和格局之大了，它还是一方肥沃的土地，养育着众多学子，可集师之大，惠泽众生。

在南京大学，凌建军最爱的事是泡在图书馆里。有一次他写的论文被老师公开表扬，还让他上台朗读。凌建军站在台上，看着一张张熟悉的脸庞此时却感觉有点儿陌生，忐忑不安、战战兢兢地读完了论文，一如儿时脸庞上露出腼腆。

南京大学这所国内一流的高等学府，推动着凌建军积极向上。凌建军还是一个入党积极分子，一言一行都严格要求自己，向党组织靠拢。儿时父亲讲的革命故事，也在凌建军的心里悄无声息地生根发芽，促成崇拜军人的他树立做一名对国家有用的四有青年这样的人生理想。

两年的大学时光里，凌建军如同发现了新大陆，前路愈见广阔，始终徜徉在历史的海洋里，甘之如饴。

改革开放以来，凌建军刚好见证了社会及身边的种种变化：

1980年设立的深圳、珠海、汕头和厦门四个经济特区正如火如荼地发展着；1987年"一个中心、两个基本点"基本路线提出，带领大家更加重视发展生产力，全面提升人民的生活品质；到1993年医疗、住房市场化改革，逐步完成了中国住房私有化的进程。从小受益于社会的不断进步，一代年轻人都胸怀祖国。当看到香港终于回归到祖国怀抱的那一刻，这个年轻人的心也随着香港会议展览中心的那一曲最熟悉的旋律响起而激动不已。

奏响的国歌，不仅验证了改革开放的成功果实，也是在向世界发出声音：中国强大起来了！这样的消息怎么能不让人激动欢呼呢？当天晚上，几乎所有大学生们，或振臂高呼，或高歌跳跃，而凌建军和他的同学们，这群年轻的天之骄子，则激动地跑上了南京长江大桥。这座城市曾经无比繁荣，也曾被人践踏侮辱，但他们生活的今天，祖国又重新把尊严挂到了笔直的旗杆上。学生们为祖国的强大而奔跑，为心中的兴奋和自豪而奔跑，也是用自己的决心和青春跑向无比光明的未来。每每想到这里，凌建军依然怀有当时自豪和兴奋的心情。

大学生活也是半个社会，学习时间自由之后，凌建军也没有忘记家人供他上学的辛苦。为了减轻家里的经济负担，学习之余，凌建军还会去勤工俭学：发传单、推广产品、做调查等，尝试了颇多岗位。为此，凌建军走遍了南京的大街小巷，看遍了南京的朝霞暮云，体验了南京的人间冷暖。

那个时候很多大学生是不好意思出去做兼职的，尤其是要低头给别人递传单，或者近乎求着客户停下来看一眼自己手上的商品，有时心里总有个声音，我还是个学生，怎么好意思去做这种事，多窘迫。

但凌建军去勤工俭学的时候就没有过这样的想法，自小拉车，又参加过各种学校的活动，他的心智已经成熟到可以去承担一个成年人的责任。做兼职时，他只会想着自己的工作任务是什么，怎么样才可以做得更好，让雇主下次有活儿的时候再找他，怎么样和客户破冰才能让客户不产生排斥心理，更容易接受一个陌生人的介绍。就算刚开始时工资没那么高，只要他认可的商家，他就会认真了解商品特点，必要的时候甚至挨家挨户敲门去销售。实际上这种方式被拒绝的概率特别大，一天下来可能一次都没有成功，但凌建军觉得既然拿了商场的工资，即使是被拒绝也是工作的一部分。如果用心去做，哪怕成功一次，也是自己的一点儿小进步。想到这里，他就又会充满干劲去敲下一家的门。

正是凭借着这样的精神和毅力，当有的同学在大学期间只能向家里要生活费的时候，他却从来没有停止过勤工俭学。很多老板一有需求，第一个就会想起他，在他们的印象里，凌建军做事最踏实、认真，遇到各种问题也从没有抱怨，遇到问题解决问题，是一个好帮手。

天空蓝白相间，树叶绿得晃眼，匆匆大学如白驹过隙，转眼就迎来了毕业的季节。这几年，对凌建军来说，是享受知识与青春的好时光，积极主动地广博涉猎，勤工俭学，体育运动，体验生活等等，还有让他受益匪浅的历史思维，比如发散、求是的思维。历史也意味着底蕴。这些都指引着他，受益良多。

然而，鱼和熊掌不可兼得，当凌建军在追求广度的时候，专业知识的厚度就被削弱了。所以，若干年后回看，凌建军未能走上历史研究的学术道路，就连阳光下一个个年轻的脸庞也已渐渐模糊。经过岁月的筛子，凌建军记忆中的大学生活，已经化成了若干碎片。有田径赛场上拼搏的剪影，香港回归那日的无眠，也有奔跑在南京长江大桥上的激动。这些碎片化作星斗，在凌建军心中闪耀。

第三章 坎坷跨界天地客

下了一座山，是另一座山。

摘下一颗星，还有千万颗星。

哪有冬风刮不到的地方？

谁又没为生活努力过呢？

天地客，跨界坎坷，

路到尽头仍是路。

总有一阵风，托住你飞翔。

利剑露锋芒

1998年的夏天，凌建军毕业了。历史专业的他更是鲜有用武之地。为了避免"毕业即失业"的尴尬境地，凌建军开始在报纸上寻找工作机会。最后他"重操旧业"，把大学勤工俭学时销售领域的工作又捡了起来。

就这样，初出茅庐的凌建军踏上营销之路，开始闯荡社会。经过面试，凌建军进了一家直销公司，每天一早到公司领好任务，就一家一家地上门推销。据说，这是从加拿大引进的营销模式，听上去挺洋气。

这天，阳光明媚，公司给凌建军分配了一名带教师傅，成为师傅团队中的一员。凌建军跟着师傅去一家家地敲门，面对一位位陌生的顾客，带教师傅挖掘他们的需求，又口若悬河，善听善辩，总能将商品推销出去。凌建军带着新奇，也学着师傅的样子，一家家地推销自家商品。凌建军从小能干，待人又真诚，他推销出去的商品越来越多。这让凌建军成就感爆棚，渐渐喜欢上了这个职业。

虽然每天的任务很重，但在一段时日的努力下，凌建军的业绩凭借出色的能力和真诚的态度连续三天达标。公司规定，连续三天达标就可以成为领队，如果手下拥有五名领队，公司还会提供资金及各方面支持，可以外出开分公司。而此时，凌建军成了师傅手下的第三名领队。数月之后，凌建军成立了自己的小队，手下的五名领队齐备，五名领队之下又各有领队。虽然面对着当时激烈的市场竞争，但大家在凌建军的带领下，个个精气神十足，团队的业绩也做得数一数二。在整个公司中，凌建军的团队势头最好，领导也很看重，前路的光明似乎正在向凌建军招手。对于势头正盛的年轻人来说，此番情景正该壮志满怀才对，然而凌建军的心里总觉得缺少了点什么，具体说又说不出来。

就在这个时候，凌建军的带教师傅找到了他。近日凌建军的业绩在公司里是大家有目共睹的，他的能力也深受师傅的认可。师傅见到凌建军，发自内心地祝贺他取得了如此的业绩，还说要请凌建军吃饭给他庆功。此时细心的凌建军发现师傅充满自豪的眼神里似乎还有一些不易察觉的神情，心想师傅找自己一定还有别的事。于是凌建军忙说："我入门的功夫还不都是师傅您教的啊？哪能让您请我吃饭？今天必须由我来感谢您啊。"说着趁着下班的工夫，拉着师傅来到他们常光顾的路边摊。

凌建军点完菜，又要了两瓶酒，和师傅边吃边聊起来。原来，由于目前国内市场还没有完全打开，市场需求量有限，现在公司里每天又都在增加新人，所以一部分团队的业绩最近都不是很理想。根据公司的规定，业绩不达标，大家收入微薄，基本生活有时都很难保障。正因为这个原因，现在师傅的团队里，手下仅剩四名领队，有掉队的风险。原本做销售的业绩有升有降，人员有来有走都很正常。但师傅是最早一批加入的成员之一，他对公司有着比别人更深的感情。此时的凌建军听着师傅诉说着当年他们怎样签下第一个客户，怎样解决客户的各种疑难问题，还有舍弃了和家人相处的时间夜以继日地躬身为公司打下了第一片天地，成立第一家分公司时的激动和喜悦，凌建军心里像是被灌了满满的铅，沉甸甸的一阵酸楚。在郑重地敬了师傅几杯酒之后，凌建军做了一个决定，他要帮助师傅把团队重新做起来——用师傅教给他的所有技能。

那一夜，两个人在路边摊上只点了两个小菜、两瓶酒，却是凌建军第一次喝醉。不知道是感动于师傅对公司的付出，还是敬佩他专注于自己的事业，喝醉的凌建军觉得他在师傅身上看到了一些闪着光的东西，那束光吸引着他，这种感觉竟然比自己在公司成立团队时还要踏实。第二天，凌建军当即宣告不再收徒，一心帮师傅组建团队。

受挫深思录

1999年6月，凌建军和师傅一起来到济南，同行的还有另外四名领队，他们就这样开启了新公司的征程。在那里他们的主要任务是把他们熟知的日用品，例如牙刷等带入市场，提高产品在市场的知名度。

　　几人都以为这会是一段辉煌的开始，新的环境新的市场，可以放开手脚大展宏图了，于是他们紧锣密鼓地选址、调研。创办新公司有广阔的发展空间，但也有无尽的烦琐。大到团队战略制定、人员分工，小到办公文具怎么配备才可以既实用又节约成本，这些问题关系到公司的运营成本，都需要高效地解决。团队中师傅是负责人，凌建军是五位领队中的负责人，奋斗中期团队人数最多达到了三十多人。

　　随着团队的壮大，公司的发展要求团队相关负责人不断提高自身的管理和协调能力，同时人工成本也在逐渐加大。因此那段时间负责管理的几人均在关注销售额还是关注团队成长这个问题上产生了不同的观点。最终经过几次协商，大家选择了更关注销售额，但也因此出现了任务分配不均的情况。一段时间后团队达成了销售目标，但更多的人也因为严格的业绩筛选制降低了工作热情，或是不满公司内耗的工作氛围而选择离开。就这样，团队又从三十多人变成了只剩五人。

　　公司回到了比创业开始更冷清的境地，再加上产品在市场中也需要一定时间的考验，公司的管理和运营变得越来越吃力。那段时间凌建军感觉他们仿佛是大海中的一叶孤舟，用足了力气却还在原地徘徊。凌建军渐渐发现这个方向似乎不是自己寻找的方向，之后又坚持了半个多月，凌建军向师傅请辞，是时候换个城市休息调整一下了。

　　这几个月的磨炼，终究还是给凌建军留下了很深的挫败感。凌建军意识到自己工作有冲劲，能攻坚克难，但交际和管理是短板。在此后的工作和生活中，凌建军决定扬长避短，不再寻求管理岗，而是做对交际能力要求高的事情。

同年10月，凌建军来到了中国四大直辖市之一——天津，从火车站出来，整座城市的底蕴和风味都仿佛扑面而来，它既有中国传统的端庄大气，又有欧式的浪漫情调。行走在这样的城市街道中，让人心情开阔又放松。

来到天津的凌建军，白天依然要工作养活自己，到了晚上，就会把心神收回来，思索着未来的人生该何去何从。此时的他已经不是当初那个初出茅庐、光有满腔热血的年轻人了。工作之余他最爱的是躺在海河公园的长椅上，聆听海河静静地流淌，直到夜幕降临，岸边卡拉OK的歌声随风飘过来，仿佛自己是一片片粼粼的波光，在海河上飘荡。彼时的一切恬静而优美，澄澈又自由，足以洗涤他工作一天的疲惫和所有过去的创伤。

在天津，凌建军给了自己充分的时间去思考和总结，他发现自己无论对世界还是自己，依然有很多的不了解。但青春依然是他最大的本钱，假如想了解，去做就好了。想通此事，凌建军心中顿时一片辽阔，自此，凡是过往，皆为序章。

"劫后余生" 获清醒

2000年2月，经过短暂的休息之后，凌建军来到了改革开放的前沿城市——深圳，接下来的时间他想要多见识一下这个世界，并希望在不同的平台中体验，从而做出自己最终的选择。而这个城市也确实不负所望，给了他最惊心动魄的一次成长。

在深圳，凌建军给自己的目标就是尽可能多地了解不同行业，那段时间他几乎尝试了所有能做的工作，生活得忙碌又充实。在所有工作中，让他印象最深的是在建筑工地做电工。由于第一次做电工的凌建军没有任何基础，因此开始只是配合前辈们做一些简单的辅助工作，像拧螺丝或安装灯座之类。

刚开始凌建军安装白炽灯座时总是毛病不断，不是剥线断了，就是螺丝掉了，再不就是灯座装反了，好在当时师傅也算耐心，安排了几层楼让凌建军练手，也不催促。于是凌建军一边安装，一边总结：架梯、剥线、拧圈、锁线、固定、收梯一气呵成，越干越快。到第四天收工时，师傅对凌建军说："你今天的数量破了我们组的纪录。"这句话让凌建军开心不已，这不仅是对凌建军入行的肯定，同时也让凌建军更加坚信熟能生巧和精益求精的重要性。因为这件事，凌建军甚至不经意养成了一个小习惯，以后再分辨顺时针方向时总会不自觉搓一下手，以确定自己判断的准确性。

就这样，凌建军因为勤学好问，善于思考，工作中又会不断总结，很快入了行，也被前辈们所接受。

随后不久凌建军迎来了电工生涯中最惊心的一次任务——到楼顶安装避雷针。

从小就恐高的凌建军接下任务时内心多少有些恐惧，但大家手上都有各自的活儿，任务分配到自己头上也不好推托。在十八层楼顶，墙边有个三米多高的单梁。开始凌建军轻松地爬了上去，钻了几个孔，可转头一看，外墙的防护已经被撤除了。恐高的感觉扑面而来。

在十八层的高度，凌建军是断不敢往下看的，因为要走在单梁上，又不得不低头盯着脚下唯一的支撑。往前的每一步，凌建军都逼着自己眼里只看着单梁，单梁外的每一寸余光所及都弥漫着致命的危险气息。此时凌建军才发现，这件事最大的难度远远不止于此，它不仅仅是视觉带来的让人窒息的眩晕，还有每一次心跳在胸腔里的撞击声，哪怕只是一阵微风，都仿佛吹进了凌建军的每一个毛孔，在他的身体里呼啸回荡。精神的高度紧张和害怕让凌建军把器材握得更紧了，他能感觉到细密的汗黏着手心。太可怕了！真的太可怕了！凌建军的大脑甚至一度停止了任何思考，几乎是在混沌中，机械地完成着大脑在线时下达的最后一道指令：完成这个任务。

最后，凌建军凭借着顽强的意志，克服了心理上的恐惧，完成了这项工作。从单梁上下来的那一刻，凌建军觉得整个世界都踏实轻松了下来，他甚至都不太记得自己刚刚是如何做到的，只知道因为高度紧张，他的双腿甚至都没有力气支撑起身体，一下来就瘫坐在坚实的地面上，就像全身的精力都被抽干了一样，缓了好半天，脸上才恢复了气色。

楼顶上其他组别的工友见状都围过来询问他的情况，得知这个小伙子不仅恐高，还是第一次上楼安装避雷针，不由得心里生起一阵佩服。大家嘴上开着玩笑，但眼里都是关心和认可，而这些关怀和认可也给了"劫后余生"的凌建军莫大的安慰。

内心的澎湃逐渐平复之后，这段时间以来一直困扰凌建军的问题好像也突然之间烟消云散了。原来的他是低估了自己恐高的程度，但是他也高估了眼前这些困境的难度。这件事让凌建军意识到自己以前还是有一些眼高手低了，做人最重要的应该是看清现实，认真做好每一件事。那个夜晚，凌建军躺在床上，感到无比踏实，内心无比清晰和坚定。

此时再回想这两年自己的经历，他彻底想通了，身处困境的时候踌躇是没有用的，只有埋头走好每一步，将眼前的事做好，才能看到光明的前途。而困难都是一时的，总有解决它的办法。同时他也能够更加清晰地认识到自己的优势和短处，虽然大学学习了历史专业，但一路走来自己对动手操作和开拓创新的事情明显更有兴趣，也更愿意深耕探索。也就是在这个夜晚，凌建军真正完成了跨界计划的心理转变。

第四章　此志不渝数控人

路漫漫，途遥遥，

一朝入行，根扎百尺。

仰望星空，祖国科技探索者；

脚踏实地，操作机床智造师。

曾谙历史五千载，身藏技术也风流。

任凭前路十八关，此志不渝数控人。

转战数控当学徒

历经十个月，凌建军终于可以独立在建筑工地做电工工作了，但简单又基础的操作尚不能满足凌建军，他觉得自己的能力还可以做更复杂的事。于是2000年12月份，凌建军在完成了在建筑工地给自己定下的目标之后，毅然回到家乡泰兴。

出生于农村的他从不忘本，年少外出闯荡，如今归巢。年少时因为热爱选择的历史让凌建军收获了清晰的头脑和理智的判断。现阶段，于国，我们需要科学和教育；于己，则可发展一项真技术。回到家乡之后，凌建军选择加入江苏泰隆减速机股份有限公司，踏入了机械制造行业，开启了此生漫漫数控之路。

彼时文科专业毕业的凌建军刚刚入行，没有任何基础，只有一颗锐意进取的心。去上班之前，一大摞的理论书籍摆在凌建军的案头：设计制造、机械制图、金属加工；机床结构、操作要领、维修技术。凌建军用上学习历史的劲头，潜心研读。

经过一番学习之后，凌建军满怀信心，终于迎来了自己入职的第一天。

这天，人事部工作人员带着凌建军先是领了工作必备用品，然后一起走向车间，一路上对公司做了简要的介绍，并让凌建军以后跟着老徐学习就行，"他呀，是车间里有名的最负责任和最专业的师傅了。"正说着，凌建军看到一个人正背对着他们在屏幕前专注地输入着指令，他的年龄比自己大很多，但即使在聚精会神的时候他的背依然是挺直的，衬得身上那件褪色的老旧工作服也威严了起来。听到有人叫自己，老徐转过身，从刚刚的专注中回过神来，冲两个人点头示意了一下，然后和凌建军对视了一眼，凌建军发现老徐虽然一脸严肃，但眼神专注而又深邃，心中不禁生出一股敬重来。

正式工作开始了，凌建军以为自己会在第一天学到很多操作知识，但老徐听说凌建军不是相关专业毕业的，更没有经过相关培训，只是吩咐凌建军一定要学好基础知识，跟在自己身后观摩，却从不让凌建军上手操作，说完就自顾自地忙起来。

当时设备还没有完善的操作手册之类的专业资料，老徐在车间又非常繁忙，他不仅有自己的任务要做，其他同事有问题也会经常来请教，老徐都会事无巨细地指导他们。这样一来凌建军就完全被晾在了一边，面对这样的情形，虽有些受挫，但是凌建军意识到师傅老徐这其实也是为自己好，几十万的精密机床对操作的要求很高，万一因为自己不懂而损坏了机床，后果很严重。想到这儿，凌建军很快调整好心情，站在师傅的身后，开始拼命睁大眼睛，默默地看，细细地揣摩。通过观察师傅的操作、程序段的滚动、刀具及机床的运行，分析出按键的作用和当前程序的含义。边看边总结，还与大家分享这个过程，在与大家头脑风暴讨论的过程中凌建军不仅高效地学习了很多知识，同时也很快融入了这个严谨而认真的群体。

就这样学习了三天，虽然还只是停留在理论层面的学习，但凌建军也万分珍惜这样的机会，一步也不离开车间。甚至在下班后，一个人兀自在那儿琢磨。凌建军告诉自己，既然进入了新的行业，就一定要做好本职工作，还要深入挖掘自己在这方面工作的潜力。所以凌建军总是用一切可用的时间学习和推演。在车间机床上熟练了当天的学习内容之后，凌建军骑着自行车回家，一路上还在不断推演程序的运行。微风吹过，漫天星辰，很是恬静，凌建军沉浸在知识的海洋里无法自拔。可就在这时，车子一不小心滑进路边的沟渠中，好在当时的沟渠还是直接开挖出来浇灌农田的土沟，不是混凝土结构的，人没有受伤。从沟渠里爬出来的凌建军满身泥泞，想到自己的行为不由得笑了笑，摇摇头，推着自行车就蹒跚地回家了。

难忘的两小时

学徒生涯中，凌建军投入了无数个小时，可有那么两个小时，凌建军一直记忆犹新。那天，凌建军刚从龙门加工中心调到卧式加工中心学习。新的加工中心对于新来的学员总是不够放心，在参加学习的两个小时里，凌建军被安排装卸工件、测量检验产品、打扫工作床、清洁机床等工作任务，就是没有一样和技术沾边。此外，凌建军还时不时被要求站在黄线外面。黄线内是机床的保护区，站在黄线外，就等于接触不了机床。黄线就如同孙悟空用金箍棒画下的圈圈，不得逾越一步。

凌建军的心脏跳动空了一拍。他想到可能每个加工中心对学员的要求不一样，但自己的团队是让自己来学东西的，于是一转眼，凌建军就开始检查工件，仔细研究工件的每一个特征，分析加工的工艺。随即，又观察机床的运转过程、刀具的运行轨迹，分析寻找可能出现的错误；检查工具量具，校正准确，摆放到便于查看和使用的位置。凌建军拿出刚开始用在师傅身上的那一招，聚精会神地开始了理论学习和推演。

两小时后，有新机床调试，凌建军又被调离。但刚刚对机床工件和运行过程的观察和分析已经深深记在了脑海里，即使不能亲手操作，此时凌建军仿佛已经练就了思维模拟的超能力，仅在脑海里建立好模型也可以使机床运作起来。回到自己的住处，再把观摩和记忆的信息在笔记本上画出来，梳理出逻辑。

这两个小时，令凌建军深省，也令他觉醒，注重细节是重中之重，不论遇到什么样的难题，用心、用脑、用情去做事，才能在不断进步的路上走得更为踏实，每一个脚印都沉稳有力。

入门得到首肯

一周后，黄昏时，周围的同事大部分已经下班，师傅也已经正常下班。凌建军仍在车间里细细回忆着机床运行的过程，一个人沉浸在情景中，琢磨一些指令的含义。

这时，车间主任突然跑来说："有件工件加急，等着要！"可是主任环顾四周，才发现此时只剩下凌建军一个人在空荡荡的车间里。

"小凌，你师傅呢，走了吗？"

"主任，师傅他下班了，其他人也走了，发生什么事了？"

主任这时急得脸都红了，"这可怎么办？今天这个工件必须做出来，这个客户很重要，现在客户还在等着呢。"想着现在叫老徐回来吧，当时通信不方便，路上也要耽误很长时间，主任此时看向凌建军，试探地问："小凌，你可以做吗？"看着主任急切的神情，凌建军心里其实也是忐忑的，虽然操作程序自己可以熟练地推演，但平时只是看着师傅操作，自己还一次没有实践过。但事情到了这一步，凌建军不知哪来的勇气，抬起头和主任说："我来。"

凌建军拿过工件仔细查看分析了一会儿，在脑海中和稿纸上写画出平时自己推演程序的关键步骤，然后坐在了师傅平时坐的位置，想着平时师傅操作的步骤和提醒过大家的注意事项，一步一步进行操作。虽然中间有几个步骤在操作的时候会有磕绊，还有的时候要多尝试几个参数才能设置正确，但此时凌建军一心只想着遇到问题解决问题，今天无论如何也要把这个工件做出来。就这样，一个多小时之后，凌建军终于把合格的工件交到了主任手里。主任不由得赞叹："凌建军可以啊，一个新人第一次独立操作就可以完成这个工件，年轻人前途不可限量啊！"说完，主任重重地拍了几下凌建军的肩膀再次表示了赞许，就忙着回去给客户验收了。

主任走后，凌建军还沉浸在成功的喜悦中，回想起来自己一次也没有实际操作过，甚至摸都没摸过这昂贵的机床，万一失手搞坏了，后果将不堪设想。但凌建军这个决定又是慎重

⊙ 凌建军工作的生产车间

⊙ 凌建军在加工中心现场

的，凭借着自己的努力学习和刻苦钻研，他有这样的信心和底气迎接这个挑战。想来，这样的挑战和之前装避雷针的难度相比又算得了什么呢？自己是有备而来啊。

第二天，师傅和同事们听说了凌建军独立且安全地操作机床完成了工件，都对凌建军刮目相看，毕竟在精密加工车间，操作难度如此之大，而且还是从来没有摸过机床的人，可以完全通过观摩就能自己做出合格的工件，凌建军可以说是第一人。也是从这开始，师傅手把手教凌建军操作和编程。

就这样秉承着精益求精、刻苦钻研的精神，仅仅在两个月后，凌建军就能独立操作并正式分班。分班后凌建军就可以和师傅一个早班一个夜班地轮着上班了。这样分工，体现了公司和师傅对于凌建军个人能力的认可。同时因为凌建军的分担，减轻了师傅的工作压力，还给公司增加了效益，简直是公司上下都开心的事。师傅和凌建军两人合作得非常默契，两人由此建立的"革命感情"直到很多年后的今天仍然深厚。

这次的成功经历令凌建军尝到了甜头，让他下定决心从事机械行业做数控，从此在数控的道路上一直前行。

孜孜不倦求索前行

找到方向的凌建军不再迷茫，生活变得纯粹，开始在数控路上孜孜不倦地求索前行。

凌建军积极进取、大胆创新，在数控之路上越来越游刃有余。仅仅过去两三个月，他就对机床操作技能熟谙于心。

不会磨钻头，就向钻床师傅学习，整砂轮，找角度，修刃口。学会了磨钻头，又一头扎进铣刀的研究，琢磨如何在保证质量的前提下，多次重复使用。工件做完，还会在厂区里转悠，就像作家寻找灵感那样，凌建军寻找着数控技术的灵感。逛到镗床线，就对镗刀来了兴趣，不禁思考：镗刀是不是也能用在加工中心呢？他立马找镗床师傅学。会做刀具，学会工艺后，凌建军操作的加工中心就开启了镗孔模式。

2003年，公司推广使用新产品——三环减速机，大规模需要偏心轴。凌建军见偏心夹具一般都是由工装钳工制作的，为了提高钳工的工作效率，他又向钳工师傅学习钳工技能。不久，他就将操作过程转化到加工中心上，不仅解放了钳工师傅们的双手，还保证了产品的顺利投产。

　　为了弥补理科基础知识的匮乏，凌建军翻出中学的数学书、物理书、化学书，一切从头开始，筑牢数控技术的根基。可现如今，网络上的资源铺天盖地，专业书籍随时可以下载阅读，凌建军只能去找纸质的书籍资料。

　　有一次，凌建军看上了一套机床说明书，可公司只有一套，想要借阅还要担保，且限期一周就要归还。一周怎么够呢？这个限期可把凌建军给急坏了。为了能够顺利"啃"到这套书，凌建军在整个泰兴市踏破铁鞋，终于找到一位印刷厂的老师傅，他可以把书拆开后一页一页地复印，凌建军一连借来了八本，并一一复印，之后，又将书本复原，归还公司。这下，本就不多的学徒工资，凌建军一下子就把两个月的收入挥霍一空，成了名副其实的"月光族"，可他眼睛都没眨一下。

　　除了可以外借的书，还有不可以外借的书，只能坐在阅览室里翻阅，不能带出门。于是，凌建军带上笔记本和笔，动手摘抄起来，工工整整，清晰明了。凌建军摘抄书籍知识的劲头和本事，不亚于当年一大批年轻人传阅抄写金庸武侠小说的程度。

　　除了向车间师傅学习、从专业书籍里汲取知识，凌建军还会牺牲自己的休息时间，到江苏省电大泰兴分校参加机械专业的进修，以掌握专业加工技术。只要在生产实践中遇到了实际问题，凌建军还会去泰兴中等专业学校、南京理工大学泰州科技学院等学校，四处拜师请教学习，一边如饥似渴地请教和学

⊙ 凌建军在车间粗测齿轮

习，一边详详细细记下自己的思考和心得。恰巧院校的老师也需要实践知识，刚进入21世纪，数控教育正在兴起，他们都很乐意教这个勤奋的学生，实现双赢。

在泰隆摆线车间的四年时间里，凌建军摘抄的笔记和记录的心得堆成了一座"小山"，基础理论和操作实践知识的字符爬满了横线格。就连公司的生产部部长也忍不住夸赞他，说他又自学上了机械类专业的四年大学。

对于数控机床，凌建军有自己的体验和比喻。刚刚接触数控机床的时候，数控机床于凌建军来说就像一匹烈马。这匹烈马挥舞着星罗棋布的功能键和浩如烟海的指令，仿佛讥笑着凌建军："我是个神奇的机械，你这个文科生也想驾驭我吗？"可干活儿总有一股劲的凌建军，偏偏要做一名好骑手。这一次，凌建军总结出的"制胜要诀"是：要想驾驭它，必须认识它，熟悉之后和它交朋友，它便会服服帖帖为你所用。

可以说入行的前十年凌建军都处于海绵吸水式的学习模式中。夜以继日的学习和探索，令凌建军从一个一窍不通的门外汉，变成了企业内数控加工的骨干，最终降伏了那匹烈马，成为"铁骑"队伍中的一把好手。

外协悟内行

2010年，因为工作表现优秀，凌建军被派到钢帘线外协单位驻守一周，原因是他们配套的过线轮供不应求。

公司的过线轮是采购成品的，由于公司产品型号众多，协作方无法及时供应，公司就派凌建军过去观察分析，改进工艺，提升加工效率。

一来到外协单位，凌建军就马不停蹄地开始了工作。投料、粗车、热处理、粗精磨，凌建军观察着一道道工艺，逐一进行分析，不放过任何一个可以改进的细节。起初，凌建军从整体出发，提出了最可能提升工艺和效率的方案：调整粗加工余量，定制磨削工艺。然而在实践操作中，没能得到快速响应。凌建军的眉头微蹙，继续到车间一丝不苟地观察，发现制约效率的瓶颈出在磨削上。由于过线轮的槽型较窄，他们使用了金刚轮进行磨削，在生产的过程中，需要定制和安装调试金刚轮，恰恰是这个步骤极大地制约了过线轮产品更换的频率。一找到问题所在，凌建军就开始思考，很快就提出了解决方案——使用修整成型砂轮加工的方法，以提升磨削的效率，以

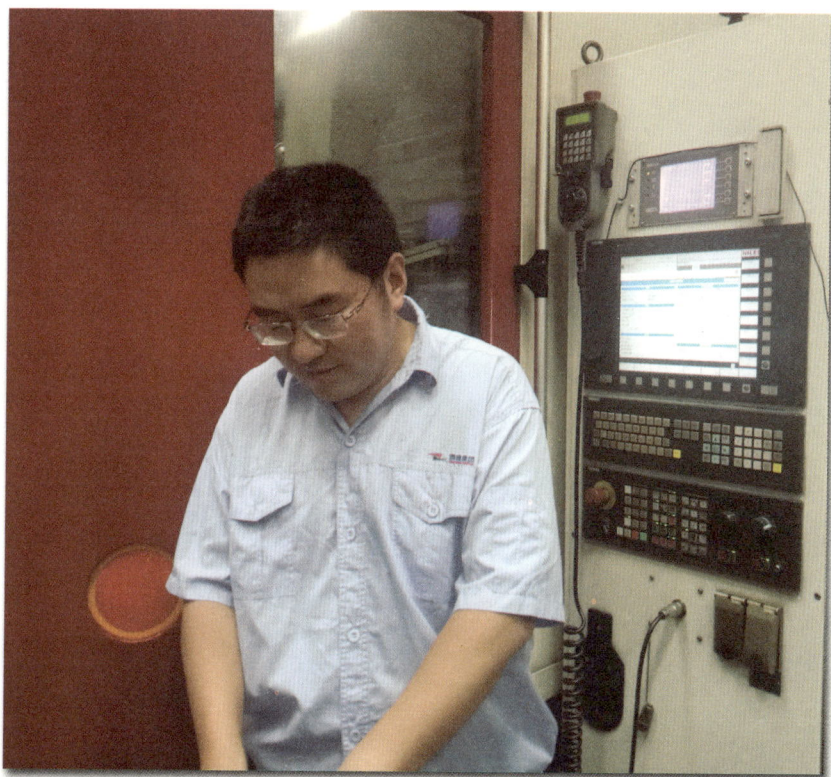

⊙ 凌建军在成型磨床现场

及整个生产过程的效能。

有了解决方案，外协单位就开始着手改进。然而，问题又出现了。外协单位无法完成凌建军提出的改进办法，在粗加工余量、热处理水平、砂轮的控制等方面均达不到要求。

看到外协单位的现状，经过深思熟虑，回到公司后，凌建军就直接申请自产。尽管这是凌建军第一次跨工种操作，但是他思考研究了良久，无数滴汗水滴落在他的车间和案头，最终成功地使用数控车改装成成型磨，为公司解决了过线轮难以满足需求的问题，成为企业内的功臣。

通过这次的经历，凌建军的思维越来越活跃，勇于突破、善于创新的精神越来越突出，在工作中越来越得心应手。

2011年8月，凌建军又一次有了新动作。近几个月里，凌建军天天把时间耗在车间里。原来，他又在搞研究，想着把多个加工程序串联起来，在数控滚齿机上双向加工圆弧齿轮，解决圆弧齿轮加工质量的问题。

一次次试验，一次次调整，一次次改进，凌建军把自己泡在了数控程序里，心无旁骛地做着研究。经过上百次的试验，凌建军终于成功将多个加工程序串联，改进了圆弧齿轮的加工质量。凌建军一心一意地为公司做贡献，公司与凌建军互相推动与成就。日复一日，凌建军在数控领域越来越专业，不断干出更多的名堂来。

"加速"减速机

凌建军越来越受重用，名气也越来越响。2013年，公司着手开发采棉机专用减速机，领导将这个重任放在了凌建军的肩头。

凌建军把办公室当家，吃住都在此，可以说，为了工作，凌建军暂时舍弃了自己的小家。在近一个月的时光里，凌建军对着图纸，对采棉机专用减速机每一个零部件的技术参数和质量要求进行逐一分析，再开始研究加工程序的编制。这样的图纸，凌建军看了足足几百张，如庖丁解牛般，对几百张图纸上的每一个零部件了如指掌，一厘不差。最终，凌建军圆满完成了采棉机专用减速机加工程序的编制，更是为该产品成功替代进口产品的开发做出了重大的贡献。

采棉机专用减速机研发成功后，样机验收合格。然而，短暂的欣喜后，大家看到领导下达的任务时都傻了眼。当时交货的两台样机，是公司里集体努力了整整两个月才完成的。而现在，却要在二十多天里，交货一百台减速机。这样的巨大反差，就算呕心沥血也完不成。随即，车间员工向领导反映了情

⊙ 凌建军在车铣复合机床上现场分析加工工艺

况，表示无法完成。

领导一听，立马又将凌建军调来，负责特别加工小组。一接到任务，凌建军又拿出了一夜春雨洒春笋的势头，担起了特别加工小组负责人的责任，加速生产减速机，攻关无法完成的加工任务。

凌建军并没有机械式地加快生产节奏，而是再一次用上了学术钻研的精神，着眼于小处，解构所有零件的加工步骤，分析出制约生产效率的关键在于两处：一件是大件，一件是小件。大件是箱体，小件是小零件偏心孔轴。

摸到了如何加速加工减速机的脉门后，每个零件、步骤都展现在凌建军的脑海里，如一张动态结构图，一一有了修改方案。

首先是箱体。以前加工箱体都是粗车、回火、精车、钻孔合箱、粗铣镗、精加工、配钻孔。凌建军经验丰富又善于创新，做起事来干脆利落，果断修改了工艺：先在加工中心粗铣镗、钻合箱孔，再回火、精车、精加工。这样不仅减少了工序，回火也更为有效，一下子提升了多倍效率，节省了大量时间。其实，早在2004年，凌建军就提出了分体通配加工的理念，只是当时不被接纳，遭受了重重阻力。现如今，在实践之下得出的真知，总算获得了大家的认可，领导和同事们纷纷支持凌建军。

最难突破的箱体及时又高质量地获得了改善，接下来就是对偏心孔轴的加工。偏心孔轴是双偏心，按照工艺，必须打两个偏心孔，并且须多次校正、调整。为了达到精度的要求，还要做多个夹具，一个小零件加工完成需将近一个小时。为了尽快突破，凌建军现场研究了工件的特性，立马给出了解决方案：在车床上加工偏心轴，然后在加工中心上压一个平板，在平板上镗这个偏心轴的定位孔，再根据外形加工一个止口，再压一个压板，按定位尺寸直接加工偏心孔，即可完成双偏心孔轴。而这个过程仅需耗时六分钟，可谓获得了扭转乾坤的效果。

此项任务的完成，再一次证明了凌建军在数控领域的实力，虽然他可以称为行业精英，但他更富有创新精神，谁能想到，曾是一个熟谙历史的风流才子，如今华丽转身成为任凭前路十八关的数控人。

第五章　陌上花开用心匠

风，拨动花儿的心弦，

轻拢慢捻，低诉着传说。

唱啊唱啊，描摹时间的韵脚，

唱尽了红尘万里，唱不尽人间百味。

终有一曲偶得，飘扬在红旗下，

陌上花齐放，谱写属于你的赞歌。

"状元" 初长成

俗话说：日日行，不怕千万里；常常做，不怕千万事。凌建军的付出逐渐开始有了回报。"江苏泰兴市十佳技术能手""泰州市劳动模范"等荣誉纷至沓来，凌建军却依然身着泰隆的工作服，低头沉浸在技术领域里"走南闯北"。

2014年，凌建军已入行十余年。这一年的4月，凌建军参加了第二届江苏技能状元大赛。根据往年的经验，软件在比赛中的比重有逐渐增加的趋势。

知己知彼，百战不殆。为了更好地备战，凌建军做足了功课，去了解了周边地区的参赛选手，发现他们已经全面使用软件编程。而江苏泰隆减速机股份有限公司属于传统机械加工企业，对于三维软件的使用非常有限，几乎不涉及。为此，由职工组加工中心两人、数控铣两人及学生组数控铣两人组成的泰兴参赛队的信心受到了打击，各自在各自心中打鼓。

就在这时，更坏的消息传来：大赛组委会指定使用软件CAXA。这一下，参赛队的六人，士气一落千丈。对于这个CAXA软件，大家只知其名，仅仅是初步认识，段位连入门都没有达到。在不熟悉的操作环境、外加使用不常用的软件，泰兴参赛队只好无奈解散。因为，他们甚至不知道从什么地方下手。

面对这样的困局，凌建军没有放弃，没有畏难，更没有犹豫过，他又拿出以往钻研的劲头开干。凌建军二话不说就开始在网上搜寻CAXA软件的相关书籍和资讯。一番简单筛选后，就开始"啃"书。这样的场景，于凌建军来说，一点儿都不陌生。在备战竞赛的紧张氛围下，几多日夜，从一段线段的加工开始，在纸上一点一点画出来。渐渐地，可以进行简单图形的加工，直到越来越简洁、快速地完成。这简直就是一场一个人的突围。

离比赛还剩下十天左右，凌建军申请了集训，带着泰兴参赛队一起学习，将自己的研究成果分享给大家。收到凌建军的"集结令"，泰兴参赛队的每一个成员都来了，一个不缺，立马投入了备战。有了队员，本着三个臭皮匠顶个诸葛亮的想法，大家集思广益，共同找到了速度更快、质量更好的加工方式。此刻，泰兴参赛队的每一个人，都在心底为自己加油、欢呼。

比赛前夕，了解到其他参赛队已经在比赛场地上集训了一个多月，虽然对大家是一个打击，但是泰兴队化压力为动力，积极备战，直到比赛的那一天……

令人欣喜的是，泰兴队全员通过选拔赛，代表泰州出征第二届江苏技能状元大赛。

蓝天辽阔，天气适宜。泰州比赛那天，凌建军来到了比赛现场。由于只有四台机床，须分批比赛，凌建军被分在第一批。

一声令下，凌建军开始操作加工。铝件是四轴件，在加工铝件时，凌建军突然发现，其中一组配合尺寸有问题，与钢件的配合不精密。而配合是高分，如果在这个模块上丢了分，对比赛成绩影响非常大。此时，凌建军急中生智，毫不犹豫，果断将已加工过的面铣平。总长的分数占比低，所以，凌建军虽将总长铣短了10毫米，对于总分的影响相对较小。

成绩出来了，比赛的结果肯定了凌建军当时的选择——凌建军以极大的优势超过了其他参赛选手，荣获"泰州市技能状元"的称号。

这对凌建军来说，是莫大的肯定和鼓励，是凌建军在数控路上的一次突破，一次尝试，积极进取的精神引领着凌建军攻下更多的堡垒，成为鹤立鸡群的数控"状元"。

十余年，大树可成荫。十余年的求索与热爱，终有一片暗香来。

赴德见闻

同年10月，经江苏泰隆减速机股份有限公司和泰兴市人社局推荐，凌建军奔赴德国，参加了江苏省人社厅组织的"赴德机械加工培训"，进行深造学习。虽然只有四十多天，可一提及这段经历，凌建军就津津乐道，满面红光，这"当年啊……"的句式就开始滔滔不绝。

这四十多天里，凌建军不但感受了当地风土人情，见识到德国企业的高新技术，德国的职业教育体系也令他至今念念不忘。

下附凌建军在德国培训期间见闻及感触：

一、风土人情

众所周知，在19世纪完成工业革命之后，德国迅速崛起，成为欧洲头号工业强国。很长一段时间，他们的重工和精工都使我们望尘莫及。然而百闻不如一见，真正踏上德国土地的时候，凌建军才真正感受到一个以秩序闻名的国家到底是什么样子。

德国的现代建筑简朴明快，讲求质量和实用。街道很干净，这归功于政府的环境保护与资源回收做得非常好，例如人们的生活垃圾是必须分类的，像纸类、食品类、玻璃垃圾须各分一类。对金属的分类和回收也分得很细，如金属分为铸铁、钢铁与有色金属，有色金属又分为铜、铝等。细节之处尽显严谨之风。

德国人对水资源保护得较好，他们的饮用水源都远离城市，他们的自来水一般是直接饮用。德国政府规定，工业用水不达标不能排放。所以，一般大型企业为了不污染环境，也为了节约资源，一般在企业内部有循环净化设备进行污水处理，以节约成本。任何一位公民只要发现水污染，均可以打电话进行举报。经查实，将对排污企业进行处罚。

在德国还发生了一件很是温暖的小事。凌建军在德国培训期间，周末和伙伴们一起去爬山，返程下到半山腰的时候突然发现自己的钱包丢了，顿时惊出一身冷汗，自己的护照还在里面，这么重要的证件补办相当麻烦，于是一行人赶紧四处寻找。这时他们在山头偶遇过的老年夫妻拦住了他们，交还了他们捡到的钱包。看着他们热心又善良的举动，凌建军立即拿出现金打算酬谢他们，但被他们谢绝了。看着他们离开的背影，处于异国他乡的众人都感受到了来自这对老夫妻的善意，原来友谊和善良真的是没有国界的。

二、参观学习

在德国学习的四十多天里，不仅有理论知识的学习，还有到企业、公司或职业学校参观，其间好几次见闻都让凌建军印象深刻。

第一次是到一家职业学校考察，学生们正在实践，他们在组装一台机器，零件也是自己动手加工的。其中一步是在钢板上钻孔攻丝，将部件安装在钢板上，当时他们怎么也安装不上，因为螺丝拧不紧，所以无法固定。只听他们一边攻丝一边数数，六圈半，回丝。可是再安装还是拧不紧。这时凌建军就上前和他们沟通，只要再多攻一圈螺丝就能拧紧，学生们听了还是坚持六圈半，说这是操作点，不能随意更改。

在试了几次之后螺丝依然拧不紧，最后不得不多攻了一圈才完成安装。这个过程对凌建军有很大的启发，德国工艺的严谨达到了极致，每一步的要求都很精准，操作工只需按章办事就行，质量得到了保障。这次的经历使得凌建军回国后对工艺的要求也更为精细。

第二次看到德国的攻丝是在一家工厂中，这是一家生产机床的小型企业，在参观的过程中，凌建军发现机床上有些位置只钻了孔还没有攻丝，与他们的员工交流后才知道，攻丝是由专门人员操作。凌建军寻找到攻丝人员，发现他刚好正在攻丝，他的攻丝过程也是攻三退一，六圈半，与职校生一模一样。同样的过程，他的手非常稳，不慌不忙地攻好了每一个螺丝。

从最基础的攻丝标准，可以看出德国加工的高要求是深入骨髓的，点点滴滴都有要求有规范，打好基础万丈高楼才能平地起。这个发现让凌建军对工匠精神有了进一步的理解，明明可以多攻一圈，却不敢越雷池一步，这便是规则和秩序的影响力啊。但与此同时凌建军也看到了德国规则刻板、变通能力弱的特点，反之，创新可能会是我们超越他们的捷径。

而第三次震撼就是参观大众的无人工厂。凌建军一行人参观了大众工厂两次，第一次参观的是生产厂区。厂区是一个整体的厂房，凌建军还是第一次见如此完全方方正正的工厂，长宽一公里多，分三层，人处于其中什么都不做就能感受到一种规整的整体感。

走进厂区，入目的第一件设备就是冲床，它将钢板冲出各种造型，从一件件小零件到整体机壳，分门别类应有尽有。在这个区间员工多一些，包括运输也是员工们开液压搬运车进行。再往下走，是焊接区，员工就很少了，传输带、运输机器人、焊接机器人、喷漆机器人、检测机器人成了主旋律，传输带还在各层之间运作，从零件到成品入库流水线完成。整个过程，让凌建军感觉除了冲床是机械加工的成型设备，其他就像流水线上的一个小组成部分，如后面的攻丝就是多个机械手加检测，不同的丝在不同地方完成，没有了机床的概念，每一个动作都是为了整体。

他们第二次参观了大众装配厂区，一个号称"鬼城"的地方。走进厂区需要乘坐交通工具，车子行走在厂区内，从还有人员的操作区间，进入到无人厂房，整个厂区除了参观队伍看不到一个人，只有零件在传输带上行进，机器人进行各种操作，只有机器的声音。看着汽车由车架的骨感到丰满，第一次看到如此变化过程，令他记忆深刻。

对大众工厂的参观，带给了凌建军无比深刻的震撼和启发，在那之后的工作中也无时不指引着凌建军前进的方向，提醒他要不断创新，加速前进。

三、职业教育

此次德国之行，凌建军除了收获通过切身经历所带来的触动之外，还有对他们教育模式的思考。

世界闻名的"德国制造"很大程度上受益于其国内推行的职业教育模式。职业教育在德国是义务教育的一部分，他们面向初中毕业生，大多采用"双元制"的教育制度，即学生有两种身份：在企业，他们是学徒；而在职业学校，他们是学生。学生们同企业签订学徒合同，根据学徒的职业，由学校推荐，并通过企业考核合格后与企业签订合同。受教育者以"学徒"身份在企业实际的生产岗位和培训中心接受职业技能及相关工艺知识的培训，又以"学生"身份在学校接受专业理论教育。

⊙ 上图　凌建军参观德国学校
⊙ 下图　凌建军参观的学校里一个对他小有启发的工装

德国的这套职业教育体系每年都会给这个工业大国提供源源不断的新生力量，以使他们的工业发展持续进步处于世界前列。

短短四十多天，凌建军走过了许多地方，既开阔了视野，见识了德国的高新技术，也感受良多。现在谈起，凌建军还会对德国之行津津乐道，而当年的见识也影响着凌建军后来的处事与工作，坚定了凌建军日后做事及教学的原则。

机器成"人"记

在工业机器人的制造过程中，需要一个很重要的部位，就是关节。人因关节而活动，没有关节，人就没法活动，机器亦然。有了这个关节，机器才能成"人"，机器人才能活动起来。

2015年，江苏泰隆减速机股份有限公司建立机器人减速机项目，共四个系列，产品的要求正常是 μ 级。在立项之初，凌建军就积极加入，全程参与，直到装配完工。尤其是加工难度大的零件，机床调试、夹具制作、刀具选用、环境控制、操作工艺、程序编辑等，凌建军都参与其中。

凌建军在整个过程中，积极发散思考，和同事一起，共同尝试了颇多方向。在每个方向上进行思索，大胆假设，小心求证，不断增加试验加工的难度和可行性。

功夫不负有心人，机器人关节减速机的样机试制成功。正逢上海举办机器人展览会，由凌建军等人试制的多个型号的减速机有幸参展，并取得了一众好评。

一年后，凌建军逐渐退出此类项目，因为公司选定了RV减速机方向，其研发、工艺、加工、设备选用等被设定为保密内容。

幸运的是，有了凌建军等一批人的初创与奋斗，目前RV减速机已经成功研发，并且已经批量生产，投入了市场。

"迟到"的入党申请

凌建军早在上大学的时候，就是一名入党积极分子，他无时无刻不在严格要求着自己，争取进步，积极向党组织靠拢。

毕业后凌建军为了生活和理想四处奔波，后来进入江苏泰隆减速机股份有限公司之后更是一心扑在工作上，对工作可谓是尽心尽力。当工作之路走到一个阶段，有了一定的成果后，凌建军更加意识到，个人的进步是单薄的，也许，一个人走会很快，但是一群人一起走才能长远。他逐渐认识到不应该只求自己的进步，而应该带动更多的工友共同求发展、求进步。

意识到这些的凌建军，回想起了曾经的自己，在大学里，多么上进、钻研。于是再一次向党组织递交了入党申请书。此后，凌建军得到了组织的关心和培养，通过党组织的教育和老党员的带动，凌建军对于入党有了更深刻的反思和认识，发现了自己的不足之处，是党给他指明了前进的方向。

如果说，之前的创新方向是为了更好地提升自我，无论是技术方面还是素养方面都是为了创造更多的自我价值，但对于企业和社会的贡献是局部和片面的，十分有限。凌建军想之前自己的想法太狭隘了。通过学习，凌建军的思想境界提升了一个台阶，不再是一味地追求个人发展，而是主动承担起更多的责任。对于烙在脑海中的创新意识，不再是只考虑结果而不去考虑其他人员的感受，他学会了考虑整个团队，考虑团队里一个个活生生的、有着独立思想的人。

终于，凌建军通过了组织的考察，于2015年12月15日，经支部党员大会讨论通过，光荣地加入了中国共产党！

那天，凌建军身姿笔挺，举起右手，在党旗下庄严宣誓，成为一名中国共产党预备党员。

凌建军时时刻刻想着党的章程、党的要求。凌建军在做普铣数控化改造的时候，就工件和设备情况，一改编程员完成工件加工就完工的先例，他会在程序试运行后进一步跟踪，根据学员提出的问题和自己观察的结果，不断地调整加工方法，甚至，多次大幅改动程序结构，以适应学员的操作习惯。而学员的上机培训时长，由原来的两个月，逐渐减少到一周左右。凌建军的培训，非常受学员们的欢迎，不仅接地气，而且他会因材施教，针对不同学员的特性讲授不同的内容。有个别接受能力稍强的学员，用上半天培训就能够独立操作。

普铣数控化改造的案例，凌建军曾经向同行编程员推广，却遭到一部分人的质疑：

"如此简单的事情，值得如此投入吗？"

面对这样的质疑，凌建军并不会有烦扰，他有着自己的信仰和动力："党的教育，是让我坚决执行维护更广泛群众的利益。"

创新智造攻时艰

2017年，泰隆集团子公司钢帘线接到了一批来自法国米其林公司的订单。在高兴之余，他们也犯起了难，这是前所未有的困境：订单产品的孔深要求超出了可加工深度足足两倍。对于这样的要求如果用公司目前的数控设备根本无法完成，当时哪怕是在国内范围找其他专业深孔镗加工企业，也都达不到米其林公司订单的要求。这样的困境一时让所有人手足无措，都在想莫非大好的机会就要拱手让人了吗？

此时凌建军也意识到问题已然摆在眼前，如果不想放弃订单那就去解决它。于是他开始一点点查阅资料，几乎整天泡在生产车间里，夜以继日地研究、调试、调整和改进。饿了就吃些面包、火腿肠、方便面、饼干充饥，实在困了就倒在厂房里的铁架床上小憩。

就这样，凌建军把车间的一方天地当成自己的研究根据地，一点点学习，一步步研究。终于，一个月之后有了喜人的结果：凌建军自己设计、自己生产了一把深孔镗刀，解决了国内所有深孔镗加工企业都未能完成的问题。凌建军甚至还没来得及享受喜悦，镗加工过程中，又发生了振刀的问题。于是，凌建军又是夜以继日钻研了半个月，一步一步想办法，完善了加工工艺。

最终，凌建军和公司同事们按照合同要求完美地完成了这次任务，甚至还提前完成了交付。这是多么具有里程碑意义的创新，他们的开拓精神、深邃的智慧、扎实的技术、踏实做事的风格，充分证明了国内数控技术领域从业人员的素质。凌建军始终相信创新是民族进步的灵魂，任何突破和创新皆非一日之功。

后来凌建军他们的这项突破，被普遍运用在其他订单中。在后来的双行星减速机订单，就使用了这项技术。在此基础上，凌建军和同事还修改了双行星的加工工艺，以节约成本。然而，这次订单对操作有了更高的要求。于是，凌建军夜以继日地泡在车间里，一次次上机操作，手还和冷却液亲密接触。不承想，凌建军对冷却液过敏，皮肤开始发痒、起泡，最后腐烂。可是，对于这样一位"战士"，这算得上什么呢？完全没能阻挡凌建军和数控设备的亲密接触，他不声不响地完成了这项研究。当年年底，凌建军将最后一道工序完成，成本降低了百分之三十，有效提升了产品的市场竞争力。

名誉纷至沓来，没有哪一份不凝结着凌建军的心血和汗水，没有哪一份不见证过凌建军的艰难和困苦。可是，他还是毫无怨言地、安心踏实地继续在车间一线工作。

⊙ 凌建军在车间现场编程

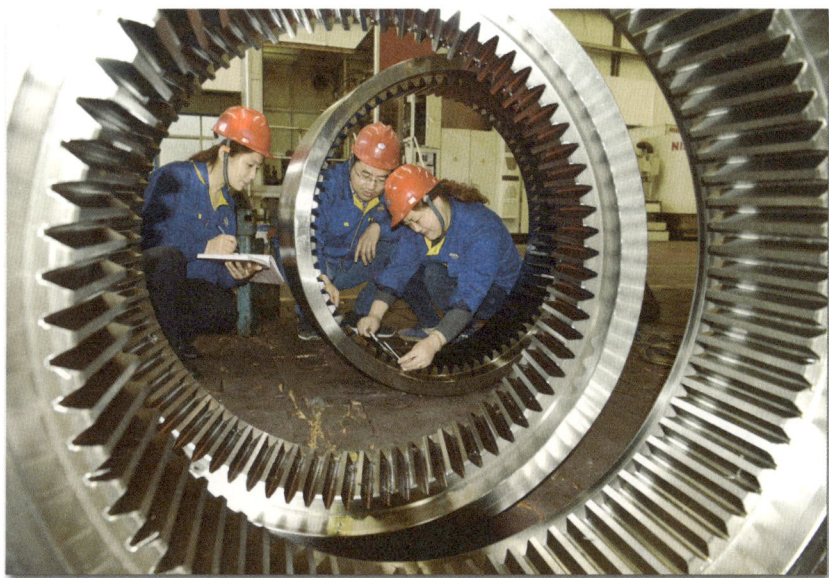

⊙ 凌建军（左二）检验加工数据

那一天，同事瞒着凌建军做了一件事情——将他的事迹材料整理一番后上交给负责评选五一劳动奖章的部门。结果，这给了凌建军意外之喜——一次偶然的材料投递，居然真的获得了全国五一劳动奖章。

这是多么珍贵的国家级奖章啊！

凌建军不仅有着尖端的技术，为人非常低调谦逊，而且比较透彻地认识自我。拥有高新技术、无量前途的他，始终坚定地表示：自己要留在家乡，留在江苏泰隆减速机股份有限公司。这着实感动了许多人。

凌建军从不主动去和他人分享自己所获得的荣誉，只有当别人问及，他总会这样回答：

自己只是做了一点点事，把问题一点一滴地解决罢了。

就是这样朴实的一句话，却令人肃然起敬，令人看到于平凡中闪出的一道不平凡的光芒。

共和国的功臣

在得知自己获评全国劳动模范的时候，凌建军无疑是高兴和激动的。直到他乘坐的车行驶在北京复兴门外大街上，路边与南方小镇完全不同风格的建筑剪影映入车窗，凌建军的心中仍有一种恍如隔世的错觉。在凌建军的记忆里，2020年的深秋是大红色

⊙ 凌建军（左）与工程师讨论加工难点

⊙ 凌建军（左）与员工分析加工工艺

的。飒爽的北风扬起香山的红叶，金色的阳光洒在天安门城楼上，就在11月24日的清晨，凌建军见到了全中国最亮的一抹红色，那是天安门前五星红旗上的颜色，也是十四亿人民血液的颜色。首都的景观太震撼了，或许是受此行目的的影响，凌建军对这次的行程既觉得新鲜又感受着一种回家的温暖。

随着车驶近人民大会堂，凌建军见到人民大会堂北门之外，礼兵肃立，红旗猎猎，庄重之感也油然而生。人民大会堂庄严又不失生机，门前的十二根石柱犹如屹立在各自岗位上的战士，各守一方天地，为祖国的今天奉献自己的一分力。此时的凌建军没有想过自己克服的种种困难，也没有想过自己克服困难的一个个不眠之夜，他只是感受着眼前这份威严带给自己的触动。殊不知，他所看到的也正是他所奋斗的。所有的心血人民都记得，所有的付出人民大会堂也都在见证。

落座之后，表彰大会正式开始了。环视会场，在座的是来自全国各地各个领域的先进工作者和全国劳动模范。在中国迅速发展的这几十年里，一代又一代对国家、对人民有巨大贡献的人坐在这里。每每想到这里，凌建军感到又渺小又自豪，生在中华土地上的儿女都像是天空中闪烁的星辰，每一颗星都散发着熠熠的光辉，而天空也因为群星的汇聚而璀璨广博。

整个表彰大会中让凌建军记忆最深刻的是总书记的发言。总书记指出"劳动模范是民族的精英、人民的楷模，是共和国的功臣"，凌建军听了不禁热泪盈眶，有一种被看见的欣慰，还有一种被嘉奖的激动与澎湃。"共和国的功臣"，还有比这更高的荣誉吗？这种国家的荣誉对个人来说是礼遇，是昭示，更是激励。这也让凌建军更深刻地认识到"劳动光荣、知识崇高、人才宝贵、创造伟大"。劳模精神，并不是具体某一位劳模的精神，而是渗透着每一位劳模的一丝精神、一丝魂，它是一个集合体，汩汩流淌着中华民族的民族基因，待发扬，待传承。

璀璨的灯光下，凌建军站在人民大会堂里，挺着胸脯，接受着表彰。就像几天前，江苏省全国劳动模范和先进工作者赴京参加表彰大会欢送仪式上那样怀抱着鲜花，他仿佛捧着丰收的果实，有了愈战愈勇的勇气。

诗人汪国真曾在一首诗中说，"没有比脚更长的路，没有比人更高的山"。

"共和国的功臣"是无法忘却、无法比拟的鼓励和鞭策，激励着凌建军继续走下去。

⊙ 凌建军在南京参加江苏省全国劳动模范和先进工作者赴京参加表彰大
会欢送仪式

⊙ 2020年，凌建军参加全国劳动模范和先进工作者表彰大会

第六章　功名尘土莫逆师

捉不住，虚无的脉搏，

莫若，在稻穗下纳凉。

纳凉，莫若捧一把晨曦，

在心底珍藏。

珍藏，莫若扬起风帆，

托起明天的希望。

老带新，共进步

单丝不成线，独木不成林，百花齐放才会春满园。当凌建军的耕耘逐渐有收获的时候，他认识到：要想走在技术前列，要想让企业在技术改造大潮中屹立不倒，必须带动身边的工友，发挥好传帮带的作用。

凌建军从工作之初到现在，不改"好记性不如烂笔头"的习惯，基础理论和操作实践知识，已经密密麻麻地记了几十本笔记。难能可贵的是，凌建军没有藏器于身、秘而不宣，而是将这些资料整理汇总，编写成数控机床操作规程、加工中心编程手册、设备维护保养手册以及数十种加工工件操作规范，大大方方地给同事们学习参考。

此外，凌建军利用下班后、节假日等空闲时间，对新员工进行岗前培训，对老员工进行转岗培训，对优秀员工进行定时定点一对一技术培训，为企业培训了成百上千的车、磨、铣床技工，其中有三百六十多人获得了技师的称号。凌建军还带领他们去参加泰州市组织的职工技能竞赛，其中，泰隆企业参赛人员多次夺魁。这些都是凌建军不计报酬、义务奉献，对企业

⊙ 凌建军（操纵机器者）在普铣改数铣现场

的拥护和爱戴可见一斑。

2015年11月，凌建军将目光投向了一线操作工，认为专门培训他们的专业理论水平与实际操作技能或许会有意想不到的奇效。于是，凌建军连同泰州职业技术学院、南京理工大学泰州科技学院的相关专业老师一起规划，对滚齿工、铣床工、钻床工进行了将近50课时的培训，学员共计178人。从安全操作、工艺基础、刀具的正确选用、工装的作用与功效、金属切削原理等五个板块着手教学。经过了理论与实践学习，全员参加人社局组织的资格考试，最终有170人通过考试，获得了泰兴人社局颁发的高级工资格证书。

凌建军还坚信，鼓励远优于批评，所以平时学员一有成绩或者进步，就会不吝言辞地表扬他们。其中有一位员工名唤钱文龙，在参加了一次凌建军的数控技能培训后，对多工位加工技术提出了自己的新见解。凌建军听了，立即鼓励他，让他大胆尝试，并且和他探讨起了多工位加工的要领。到了车间，凌建军手把手地指导他，配合他认识并排除了多工位干涉问题，最终，实现了多工位同时加工，使生产效率在原来的基础上提高了百分之二十。后来，钱文龙又继续将这项技术应用于多种型号产品，并因此获得了"泰州市技术能手"的荣誉称号。

一开始，泰隆企业没有固定的小组，凌建军都是组建或者参与临时的组别完成技能培训、技术创新。比如，在解决过线轮的难题时，车间相关技术员工、技术员、外协人员、工艺员组成一个松散的小组，凌建军就相关问题协调推进。但是这样并不能长远，不仅紊乱，而且成效也相对不稳定。

2015年，凌建军第一次成立了劳模工作室。后来工作室的成员又组建了多个新的工作室，直到2018年，凌建军组建了现在的"劳模创新工作室"。目前，工作室的固定成员有五人。

凌建军作为领办人，全面负责工作室的工作，制订工作室的具体科研、操作、培训计划，并对工作室成员进行考核。其余四人也都不是等闲之辈，都有专业的背景。

对于劳模创新工作室的成员，凌建军非常熟悉。

常斌，工作室团队里技能最全面的老成员，协调能力强，特别善于交际。千万不要以为会说话的做事就不好，他曾获得泰州市数控技能大赛加工中心二等奖、泰州市五一劳动奖章以及"泰州市文明职工"称号，现在在团队里负责数控理论培训、CAD运用指导、生产线管理、新产品技术的运用。

还有秦玲，团队里唯一的女员工，她的数控操作能力特别强，团队的很多新想法都是通过她实现的。她是加工中心操作工高级技工，也获得过泰州市数控技能大赛二等奖、"泰州市技术能手"称号，现在负责数控技术应用、设备功能开发、刀具使用技术的攻关、专业技术人才的培养。

团队的专业装配钳工技师张玉峰，虽然还是助理工程师，但他也是泰州市企业首席技师，尤其擅长夹具制作、加工工

⊙ 凌建军（左）指导学员制图

⊙ 凌建军（左）指导学员编程、操作

艺，他提出的很多建议给团队的成长带来了更广阔的思路。现在他主要负责推动设备CTPM人员培训，对车间维修员工和一线技术骨干培训、为生产线设备功能完善提供技术支持。

团队中还有一位新成员——阚志伟，这个年轻人有冲劲，敢于突破创新，总有一股不服输的劲儿。虽然是新成员，但他可是数控车高级技工，获得过泰州市职业（技工）学校技能大赛数控车二等奖，现在负责生产加工、高速切削刀具生产线应用、刀具装调及相关培训。

工作室针对公司员工的工作改善方案进行相关指导，使方案尽快落地产生效益；组织多种形式的培训，提升员工的技能水平和职业素养；举办技能竞赛，在公司形成一种学技能提效益的氛围。

巡回演讲

自从凌建军2020年获得了全国劳动模范的殊荣，他就没有停下过脚步。他经常会受邀去演讲，回顾自己的成长经历，分享专业技术，弘扬劳模精神。泰州学院、常熟理工学院、鼓楼新天地，都留下过他的足迹，缭绕过他的声音，他的事迹流传

⊙ 2017年，凌建军参加泰州学院与泰隆集团校企合作暨"泰州工匠"收徒仪式

⊙ 2020年，凌建军在泰州学院举办的讲座上发言

⊙ 2020年，凌建军在常熟理工学院做全国劳动模范事迹宣讲

⊙ 2020年，凌建军在鼓楼新天地做讲主题演讲

于此，他的精神也被崇尚。

每每被邀请去做演讲或者培训，凌建军总是提前很多天就开始认真着手准备，所需PPT都会用心制作。不管是主题的契合，还是邀请方的要求，凌建军总是用心准备。包括这一次的成书，每每向他问及事情的细节，总是认认真真、非常详细地回答，并且会用心整理。

演讲这样那样的主题，走过这个那个地方，凌建军总是带着感恩之心，尽心尽力地去做这件事。"不忘初心、牢记使命""劳动书写新时代，匠心铸就中国梦"，每一次的主题都仿佛是凌建军精神的映照、生活中的一抹剪影。

虽然凌建军获得了很多的荣誉，赢得了很多的尊重，受到了很多人的青睐，也举办过很多次收徒仪式，但是凌建军从没有架子，总是谦逊而有礼地分享自己的故事和切身的经验，总是倾心地向广大群众乃至有志于此的年轻人传授自己的经验和技术。走过了千百场，凌建军从不留恋名利，只对学习认真的倾听者记忆深刻。遇到这样的听众或者学员，凌建军更是毫无保留，尽心地教学和指导，交流和探讨，以帮助他们学得更多，走得更远，托起明天的希望。

"全国劳动模范"这个殊荣，他当之无愧。

挖不动的"墙"

凌建军从一名普通工人，逐渐功成名就，尤其是获得全国劳模的殊荣后，就不断有人来找他。其中有人想用高薪挖走他为自己企业所用，甚至提出对他的妻儿都有很好的安排，可是他始终不为所动，果断拒绝。来找凌建军的，还有其他人。他们劝凌建军趁现在功成身退。凌建军还是不为所动，他还要继续钻研，为数控行业、为祖国做出自己的贡献。凌建军曾在一段采访中表示，他是政府和企业培养出来的，不会忘本，过去、现在、将来，均如是。

这段朴实却坚定的话语，让所有人却步，望而生畏。就是这样的朴素精神，才让人切实感受到了凌建军的静水流深，涓涓细流终汇成大海，或许这就是他的劳模精神。

在江苏泰隆减速机股份有限公司里，凌建军就像一位"王者"，他时刻欢迎任何人去挑战他、超越他。能有这样的技术，还有这样的精神，实为不易。

至今，凌建军依然会穿着一身泰隆企业的工作服，忙碌在车间内外。对他来说，这身工作服就像是军人的戎装，是自己身份的象征——不怕别人知道自己是泰隆企业的员工，就怕别人不知道自己是泰隆人。

第七章　灯火可亲笃行者

奔跑，加速度；

生活，慢镜头。

桑梓，是稻田与山丘；

也是村头永远的期盼。

绿水青山处，话人间温凉；

花开七瓣处，生命自会绽放，

无意悲与欢。

马拉松选手

从小跑步上下学的凌建军，曾经在学校里获得过田径比赛的奖牌。2015年，凌建军延续了这段难得的缘分。

凌建军获得今天的成就，和他能吃苦的品质分不开。可是，凌建军本人和他的老同学一致认为，"能吃苦"现在应该去掉最后一个字，也就是——"能吃"。因为，凌建军的肚子已经越来越圆。为此，凌建军开始了长跑锻炼。

开始，凌建军出于身体健康考虑，规定自己每天跑步一小时。长期的加班和饮食不规律让他的身体处于亚健康的状态，导致他一运动就全身酸痛。即便如此，凌建军还是坚持了下来。他不仅养成了每天跑步的习惯，健硕的身形也恢复了。从这项运动中凌建军还体会到了和工作不一样的快感，那就是体育运动带给人特有的充实感。所有运动中最重要的一步就是迈出去，坚持下来。在跑步健身这件事上，他秉持了和在工作中一样的作风——发现问题，解决问题，手起刀落，决不含糊。

于是凌建军开始有了新的目标，拿下长跑领域的权威奖牌——参加马拉松长跑比赛。就这样，一个新目标确定之后，凌建军开始了解跑马拉松的注意事项，并参加了一个马拉松训练营。出于对自己运动经历的自信，外加一种闯劲，凌建军仅参加了非常短期的训练之后就报名了半马比赛。21公里的路程，不算远，但也不算近。说不远是因为开车行驶二十多分钟就可以抵达终点，说它不近，因为21公里相当于绕常见的校园400米操场53圈。它和义务教育阶段要求的800米和1000米相比高了20多倍，况且还是对于一个常年围在机床边加班加点的中年人来说，它的难度可想而知。

然而令身边人想不到的是凌建军说到做到，他不仅参加了，而且还坚持跑完了全程。马拉松比赛是极具包容性的，参赛人员中包含了各个年龄阶段以及专业和非专业的选手，虽然凌建军没有拿到名次，但跑完全程就是最大的胜利。因为在马拉松跑过程中需要个人以强大的意志力克服心中的消极、畏难、想放弃等多种负面情绪，它更体现了人们对目标的执着和永不放弃的精神。

参加完半马后，凌建军接着又报名了全马比赛。如果说半马的征程主要是克服自身的负面情绪，那跑完全马对所有人来说就是一种挑战极限的运动了。从希波战争的那名"飞毛腿"，到墨西哥奥运会赛场上忍着脱臼的肩膀和被踩穿孔的膝盖的疼痛最终通过终点的阿赫瓦里，人们一次又一次触摸和突破着作为人类的极限，而史册上也工工整整地记录了他们的拼搏精神和顽强毅力。这次比赛对凌建军来说难度可想而知。但体育精神不就是如此吗？所以在比赛过程中，即使出现呼吸困难、关节酸痛，他还是坚持到了最后。

全马的最后五百米总是令人印象最深刻：身体的疲累和放

空，沿途的鼓舞和欢呼，目之所及的终点线，所有的这些在冲刺的人眼里都化作体内最后一股力量，向前冲，向前冲。

即使没有奖牌也好，在越过终点线那一刻，每一位选手都已经成为自己心中的冠军。体育精神中鼓舞人的更快、更高、更强，其实并不是要超越所有人，而是超越上一刻的自己，赛场上每一位热诚的运动员达到至纯境界之后都只为了超越自己。运动员如此，世界各个领域各个岗位的每一位匠者均如此。

凌建军没有接受过专业的训练，仅仅是业余爱好，虽然全马和半马没有一次获得名次，但是次次他都坚持跑完全程。也许用"精神可嘉"来形容是失之偏颇的，但是凌建军的敢于拼搏、积极乐观，是应当被推崇的。这种"陪跑"经历，或许别人会内心受挫，可他从不放在心上，反而非常满足。

那一天，凌建军参加马拉松比赛。一声令下，选手们纷纷离弦，对于没有参加过马拉松比赛的人，是很难想象其中的艰辛和困难的，如果没有参加过训练，那简直就是一场生死之战，难以完成。可是，从小跑步的凌建军，仅仅经历了健跑团的短暂训练，就在跑道区域，用自己的节奏和步伐，成功征服了马拉松这样的距离。

比赛快结束时，大家还在上气不接下气地喘着，凌建军却穿着一身印着"泰兴健跑团"的红色运动服，双脚离地蹦起来，仿佛一场自我的庆祝。

⊙ 2017年，凌建军参加南京马拉松比赛

⊙ 2017年，凌建军参加南京马拉松比赛

双向奔赴，同舟共济

"愿陪你走天涯，哪怕是乞讨也心甘。"

当凌建军听到这句话的时候，他就知道，这姑娘是他此生的挚爱。

2000年12月，凌建军刚刚进入泰隆集团的摆线车间。那天，已是傍晚，太阳早已落山，他去五金库领用配套的销轴。

五金库的保管员是个女孩子，见到一个长相憨厚的男生来领用销轴，便起身朝着一间库房走去，去开库门。库房漆黑一片，女孩子不免有些害怕，凌建军主动上前，帮她一起打开了库门。销轴就在这间单独库房里，第一次相见的这对年轻人，也是第一次单独相处在这里。

从此，憨厚勤奋的凌建军走进了这个女孩儿的心里，文静能干的女孩儿也同样住进了凌建军的心里。这段爱情就这样悄无声息地生根发芽。

两人一起吃工作餐，一起拉家常，一起散步，微风吹过恋人的脸庞，为他们抹上点点红晕，两个人羞涩不已地欢笑。艰难的日子，大家齐心走过。幸福的日子终于在两年后到来：他们的爱情修成了正果。

⊙ 2019年，凌建军和妻子在杭州

这样一段双向奔赴的爱情，在现实中也会遇到困难。由于两人的家境并不好，选择了简约型的婚礼。就算是这样，仍是四处借钱才将这场婚礼办下来。这刚一过新婚夜，他们就背上了债务。每天的开销用度，都要精打细算，节约度日。今天吃土豆，明天吃白菜，后天吃咸菜。每一笔花销都被算得明明白白，恨不能将钱掰开，分成四份。

到了妻子怀孕时，家里也没法给她改善伙食，只有偶尔煮点儿米粥，加点儿料，就算是加强营养了。就这一碗米粥，还要和五岁的小侄女分享。

妻子是仓库保管员，有些配件是纸箱装的，配件拿出后，这些空纸箱，公司允许员工整理并且自行出售，卖来的钱就归员工自己。

结婚后，妻子每个月卖纸箱获得的一百余元，就是他们一个月的开销用度。吃穿用，都算在里面。由于住在农村，很多时候可以自给自足，有时候还能结余。

就这样，一点一滴积少成多，妻子陪着凌建军还清了家庭分摊的债务、凌建军个人债务，甚至1996年建房时的尾款，全都一一还清。

黑暗总算盼到了黎明，财产从负数一路攀爬，这是多么令人欣喜啊！这对伉俪紧紧相拥，相互扶持，同舟共济，他们早已是不可分割的整体。

大方的"小气鬼"

在周围亲朋好友的眼中，凌建军是一个很热心、很慷慨、乐于助人的人，不少人都受到过凌建军的暖心相助。

有一次，凌建军在学校参加培训，学校正值放假，食堂不供应饭，只能去学校外面吃。那天凌建军碰到一个学生，他家境困难，身上没有钱。凌建军见了，二话不说立马慷慨解囊，让孩子吃了一顿丰盛的饱饭。

凌建军也是这样走过来的，他从未忘记，从未嫌弃，也从未因此而消极。他清楚孩子的困苦与窘迫，有时候，一分钱可以难倒英雄汉，更何况是一个孩子呢！后来，凌建军经常邀请这个学生到家里吃饭，妻儿都已和他熟络。

有亲朋好友在生活上遇到困难，凌建军总是如此，主动地伸出援手，帮助他们渡过难关，践行着"赠人玫瑰"，收获着"手有余香"。

可是，对待自己，凌建军十分吝啬。儿时，凌建军穿的是不合身的"二手"衣，工作了，去哪儿都是一身工作服，从不舍得花钱给自己买件新衣服，买双好鞋子，捯饬一下。妻子见状，就经常调侃他："你啊，宁可为别人花钱，给自己买件衣服都舍不得，别人都会笑话你的。"可是面对这样的调侃，凌建军也会风趣一回："工作服咋的，我是泰隆人，我骄傲！嘿嘿，不穿上工作服谁知道我是泰隆的，我就不穿别的衣服。"

可是当妻子一见到心仪的衣服，只要是她喜欢的，不管多贵，凌建军眼睛都不会眨一下，就直接买下来。

有时，两人出门逛街。走到服装店，妻子的眼里流露出满是喜欢的目光，凌建军注意到，二话不说就拉着妻子进店。妻子看中的，就让她去试衣间一件一件地试。凌建军站在一旁，不吭声，只默默地陪着。只要妻子看中了，就拿起来，去收银台付款。而当妻子想要给他也挑几件试穿的时候，他则摇摇头，摆摆手，拉着妻子出了店门。妻子对此也没有办法，一提到此，斜睨着凌建军，直摇头。

难得糊涂

人生都道聪明好，难得糊涂方为真。

在学习和工作上，凌建军从来都是智商和勤奋双在线，样样都不在话下，所掌握的技术更是在行业中领先。工作中所要达到的精度，从不会失之毫厘。但是在生活中，凌建军是一个不拘小

⊙ 2018年，凌建军一家三口在公园

节的人。

在穿着上，他从来不多花心思，套上工作服，就可以出门会客了。平日里，他勤俭节约，即使现在的生活条件已经今非昔比，也依然保持着朴素的生活。他认为，钱要花在刀刃上，不该花的，决不花一分。

对于吃，虽然不挑食，但是从他的身材我们不难看出，他是一个喜欢美食的人。南方的北方的，家里的屋外的，照单全收。

可是一进入工作状态，就不一样了。有时候，全家人正围着桌子吃饭聊些家常，就瞧见他放下碗筷，一句话不说，就跑去房间里计算、思考问题了。有时候，为了赶一份合同，可以连续三个晚上两个白天不睡觉，就差没有蘸着墨汁吃馒头、错煮闹钟当鸡蛋了。妻子心疼他，担心他把身子累垮，就会"责骂"他："你这个工作狂，你再这样，我就离家出走，一辈子都不会理你了。"

此时的凌建军听出了端倪，就会和颜悦色，像个孩子似的，对着妻子赔罪、求饶："老婆，我再也不会这样了。"可是一投入工作，他又会忘乎所以。妻子摇摇头，只好无奈地安慰自己：谁叫你嫁了这么个"傻子"呢。

虽然凌建军在生活中糊涂，但是在重要的时候肯定"拎得清"，从不在关键时刻掉链子，是一个非常可靠的人。尤其在教育孩子方面，不仅从不马虎，还让妻子佩服得五体投地。

在孩子成长的过程中，虽然凌建军有时候会因为工作繁忙而见面的机会比同龄人少，可是孩子的重要时刻，凌建军向来不缺席，学校里的比赛啦，汇报演出啦，成人礼啦，都会奔赴现场，对着孩子会心一笑，给他加油打气。一有空，他更是和孩子亲密如兄弟。凌建军从不打骂孩子，总是营造一种和谐轻松的氛围，所以孩子也很愿意和父亲沟通。厉害的是，哪怕孩子到了青春叛逆期，父子俩的沟通依然畅通无阻，孩子很愿意向他吐露心声。当妻子看到孩子不听话的时候，急性子一下子上来，凌建军还会去安慰妻子，告诉她，孩子教育的问题是急不来的。家长急了，孩子也会急，这样反而达不到教育的效果，还会造成两败俱伤的场面。

同样，凌建军也对妻子常怀感恩，认为是上天的眷顾让他拥有了这样一位美丽勤劳、善解人意的妻子。

凌建军和妻子两人都是喜欢学习、提升自己的人，两人互相扶持，相敬如宾，只要对方需要冲刺的时候，就会提供安静的环境，让对方有一个放松的心情，放手去做自己想做的事情。

要不然，怎么会是修得同船渡的夫妻呢！

别看凌建军长相憨厚，但是经营起婚姻和家庭来，可真是一点儿都不糊涂。偶尔糊涂起来，也是一种主动的智慧。

饮水思源，不忘桑梓

古语有云：青出于蓝而胜于蓝。可凌建军从不在乎胜不胜于蓝，注意力向来聚焦在"青出于蓝"之上。

在被评为全国劳模后，越来越多的人问凌建军，为什么一直留在泰兴。

凌建军浅笑，他早已不是当年的那个热血少年，一味地心向远方。无论走到哪里，最忘不掉的还是家乡的人、家乡的味道。

凌建军知道，他来自农村，来自泰兴，自己的根就在这里。所以，在2000年，凌建军就放弃了"诗和远方"，毅然决然地回到了家乡。

在刚结婚的时候，凌建军就向妻子提出了婚姻中最重要的原则，那就是要孝顺父母。

凌建军父母的身体并不好，母亲动过好几次大手术。即使工作繁忙，只要一有时间，凌建军准会回去看看父母，唠唠嗑。就像一群青年人长大后才懂得的那首歌《常回家看看》，"哪怕帮妈妈刷刷筷子洗洗碗""哪怕帮爸爸捶捶后背揉揉肩"，陪伴才是最长情的爱。

凌建军有一个哥哥、一个姐姐，而且哥哥的住处和父母的住处一前一后，仅一条路之隔。但是，老两口谁一生病，不管是大病还是小病，都会在第一时间打电话给凌建军，凌建军就会马上带他们去医院，丝毫不会拖延，而且在医院的花销都是凌建军出的。这倒是让凌建军的妻子有点儿心理不平衡：明明有两兄弟，凭什么让丈夫一个人又出钱又出力呢？

这个时候，凌建军就会一脸乐呵呵地安慰妻子：为父母花钱，那都是应该的。要是每个人都这么想，推托来推托去，那么老人的晚年生活如何会安心，如何会幸福，何以为家呢？

虽然，妻子会有点儿"心理不平衡"，但是她也是一个明事理的人，向来支持丈夫的做法，还会有隐隐的敬佩。

除了孝顺自己的父母，凌建军也一样孝敬岳父岳母，还很关注家族内部的情感互动。每年，他都会把叔伯姑舅等请来，聚在一块，吃吃饭，聊聊天，亲戚们的关系也更为和谐、融洽。

有一次，凌建军的岳父生病了，又正值凌建军在泰州培训，十分繁忙。但是每天不管培训到多晚，凌建军都会从泰州赶到岳父岳母的家里，去看望他们。

饮水思源，桑梓常念。这是凌建军时刻牢记的恩情。

⊙ 2018年，凌建军（二排右一）全家合照

你若盛开，蝴蝶自来

凌建军的儿子在成长的过程中，经常会听到凌建军说这样一句话："你若盛开，蝴蝶自来。"

这是凌建军的父亲教给凌建军的。

的确，人不必如蝉鸣聒噪，应该不断完善自己，开了花结了果，自然就会吸引别人靠近。

一开始，凌建军的儿子并不能理解这句话，但当他渐渐成长，又见证了父亲从一名普普通通的工人，鼓着一口气，不断学习，发愤图强的历程，才明白其中的真义：只有自己足够努力，足够优秀，属于自己的机会才会到来。相较于别人对父亲的赞誉，儿子最知道父亲一路走来的不易。在儿子还小的时候，正是凌建军工作最忙的时期，要潜心研究机床改进，又不想错过儿子的成长。于是最常见的一幕是父子俩一起来到图书馆，两人各看各的书，享受父子俩的特别相处时光。起初儿子并不能安静地坐下来看书，凌建军总有办法让儿子静下来，就这样慢慢地儿子也喜欢上了阅读，读到了书中的精彩世界，也感受到了父亲的良苦用心。

也许别人并不清楚，但是作为凌建军的儿子，深深懂得父亲的艰辛，知道他付出了多少才走到了今天。

凌建军的儿子上小学的时候，常常一连数天见不到他的人影。而每当儿子问起凌建军，他却只笑笑，从不流露出自己的辛苦。直到上初中，儿子才从妈妈的只言片语中了解到了父亲的艰辛和不易。他常常一连数天泡在车间里，饿了就吃面包和泡面，困了就躺在车间里的小铁架床上打个盹……他经常就这样几乎不眠不休地连干好几天，除了背负着自己坚持的东西，也是为了家庭而打拼。

"你若盛开，蝴蝶自来"如同黑暗中的一束光、迷航时的一个指南针，是一种信念，支撑着凌建军走下去。这是凌建军父亲送给他的箴言，不仅是对凌建军的劝慰，也是一种带着深意的训诫。

或许有人会觉得凌建军这样繁忙，做事又这样认真，是不是对孩子的要求也很严格呢？事实并非如此。凌建军工作之外不仅不严肃，反而很亲和，一有空就和儿子聊各种历史故事。他对事情的解读喜欢从多个角度去分析，还经常引用历史的道理，他对历史的热爱也深深地影响了儿子。在儿子高二分班时，明明也是理科更擅长的儿子偏偏坚决地要选文科，这让凌建军瞬间觉得事实总是如此相似。但他并没有给儿子直接又强硬的要求，而是和儿子坐下来仔细分析了他自身的学科能力，最终儿子选择了理科。

但是凌建军对儿子也并不是什么要求都没有，在孩子的穿着方面，从小也让他秉承了凌家优良传统，儿子上大学之前的大多数衣服是穿别人给的，当然时代在进步，他也不会让儿子穿着有补丁的衣服。这一件事上儿子和凌建军小时候也很像，并不会和同学攀比这方面，更不会嫌弃是别人的或是旧的。

"我认为人应该纯粹一点儿，尽可能不让外在影响工作。"凌建军如是说。

关于凌建军，其实在儿子心里，有一件事是让他印象最深刻的。那是中考完的暑假，面对人生的第一次重大考试关口，考完试之后孩子内心非常忐忑，担心自己考得不好，更担心父母问到成绩时自己不知道怎样回答。但令他没想到的是，凌建军一直都没有问儿子考试的事情，一心计划着带儿子出去旅行，去开阔眼界。

后来分数公布后，即使结果并不尽如人意，凌建军也没有责备儿子。因为在凌建军的眼里，这只是儿子人生中一次小小的考验，考得不好也只是一个小小的坎儿，摔倒了，就拍拍尘土站起来，继续向前冲，人生才刚刚开场。儿子听到父亲的开导，逐渐从失利中走出来，并在高中努力学习。他知道人生是一个大考场，其中他可能会经历这样那样的考验，但他也深知，无论什么样程度的困难，父亲都会一如既往地给他最温暖的拥抱和最诚挚的祝福。

　　盛开，是一种姿态，也是一个过程，是一种不断突破的精神，是生命的一种力量。凌建军正在这条路上越走越远，吸引了越来越多的蝴蝶。凌建军的儿子也一样，他会默默地将凌建军带给他的爱放在心底，以他的父亲为榜样，吸引更多"蝴蝶"。

结语：在路上

回望人生，凌建军一直都在路上。在成长的路上，在前进的路上，在播种的路上，在收获的路上……

不知是什么时候启程，也不知终点在何方，凌建军早早地在路上奔波。也许，有过不安分，有过无忧无虑的欢笑，有过梦想，也有过诗与远方。也许，有过荆棘，有过挫败和黑暗，也有过无奈，有过难以逾越的坎坷和苦难。但是，这些已经过去，凌建军已经走过来了，无论是黑暗还是光明，都有了他坚定的足印、不言放弃的志气，始终上扬的嘴角边，是他独自吞咽、品尝苦涩的坚强和奋勇。

在路上，从最初的嘉奖、业内的认可，到后来国家级的奖章、称号，这些都是途中的里程碑，具有非凡的意义。然而，让凌建军印象最深刻的，未必是这些。也许，在晚风中的回忆里，是妻子温馨无悔的陪伴，是听到孩子第一声呼唤"爸爸"时的欣喜，是案头摆满书籍的充实岁月；也许，是陪孩子晨跑时，孩子越来越有棱角的脸庞，是越走越宽阔的理想之路，是如同蒲公英般轻盈的自由，是小河中央的一叶孤舟；也许，机床也如同一个生命体，是凌建军事业途中相互成就的恩人，也像无数武侠小说中人剑合一那样纯粹、灵动和浪漫，数控操作台也和他经过了长久的磨合，合而为一，了解彼此，互相配合。

如果说，路途本身就是风景，那么在路上，这件事本身就值得纪念和欢呼。

时至今日，即便荣誉璀璨、鲜花满怀，凌建军依然在路上。因为他坚信劳动光荣、知识崇高、人才宝贵、创造伟大。他肩负着责任，拥有着自己的理想，带着使命，在路上，越走越远。

我们深知，他会继续走下去。